教育管理案例分析

李 博 著

吉林出版集团股份有限公司 | 全国百佳图书出版单位

图书在版编目（CIP）数据

教育管理案例分析 / 李博著. -- 长春 :吉林出版集团股份有限公司, 2022.7

ISBN 978-7-5731-1798-4

Ⅰ.①教… Ⅱ.①李… Ⅲ.①教育管理－案例 Ⅳ.①G40-058

中国版本图书馆CIP数据核字(2022)第138672号

教育管理案例分析

JIAOYU GUANLI ANLI FENXI

著　　者　李　博
出 版 人　吴　强
责任编辑　孙　璐
助理编辑　王　博
开　　本　710 mm × 1000 mm　1/16
印　　张　9
字　　数　150千字
版　　次　2022年7月第1版
印　　次　2022年7月第1次印刷

出　　版　吉林出版集团股份有限公司
发　　行　吉林音像出版社有限责任公司
（吉林省长春市南关区福祉大路5788号）
电　　话　0431-81629667
印　　刷　三河市嵩川印刷有限公司

ISBN 978-7-5731-1798-4　　定　　价　38.00元

前　言

时光荏苒，岁月如梭。已经在学校工作了二十年，作为一名基层教育工作者，在教育与被教育中成长，在教育与被教育中感动，我越来越深爱脚下的三尺讲台。

作为一般高中的教育管理者，没有因学生考入名校的高光时刻，只有因学生违纪而引发的各种危急关头。在工作中，我把每个棘手问题当成教育课题，把每个突发事件当成教育契机，不忘从教初心，牢记育人使命，时刻没有忘记自己也曾是个孩子。

我毕业于朝阳师专，没有深厚的理论素养，没有丰富的教学经验，只有对学生当下的教育和对事业的负责精神，在有限的能力范围和认知范围内努力地工作。现在把经历的一个个鲜活的教育故事和产生的一些工作体会，记录下来与大家分享，其中有的事情处理并不一定十分妥当，仅为各位同仁提供一些参考就甚感欣慰。

几年来，工作岗位不断变化，从语文教师、班主任、团委书记、办公室主任到德育副校长，每次经历都让我有机会全面地了解学校各项工作，参与处理各类急难险重的事务，使我以管理者的角度看待学生、思考教育管理的人和事。

在平凡的岁月，在普通的工作岗位，作为一名教育工作者，我想的更多的是安全和质量，师生的生命安全永远是最重要的，没有之一。不重视安全管理带来的严重后果我们不能承受。对同学的严苛，换一个角度也是对他们的大爱，更是对学生、班主任和教育工作负责。

著　者

2021 年 11 月

目　录

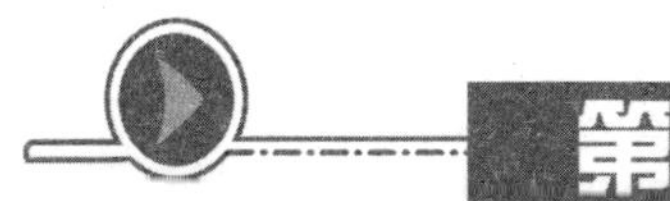

第一章

常规管理记抓反复

1. 相信学生比老师更了解学校

【案例内容】2020 年 5 月 14 日晚饭我在学校食堂陪学生用餐，3 年 7 班赵宏伟偷偷地走到我的餐桌前，激动地悄悄对我说：“李校长，咱们吃的大米饭是中午的剩饭，你吃出来了吗？”

我回答：“没有，有什么问题吗？”

他很落寞又有些失望地嘟囔一句“那就算了”，然后就走了。

看到他的表情，我想这大米饭应该有问题，因为晚饭吃了一个馒头和一点米饭，没有吃出是剩饭。我找到后勤陶主任，对他说：“学生反映大米饭是中午的剩饭，你吃出来了吗？”

他说：“我还没吃饭。”

我说：“你现在就去吃饭，主食打一份大米饭。”

他吃了一口说：“是剩饭，上面有一层饭粒比较硬。”

我们俩找到了食堂负责人，向她了解情况。她解释说：“疫情期间（新冠疫情高三学生于 4 月 15 日返校）只有高三学生上课，今天中午离校的高三学生比较多，中午做的大米饭，一整盘的饭都剩下了，扔了浪费了，就放在了冷藏室，晚饭时给学生吃了。”我们警告了食堂负责人，无论什么原因，都不能给学生吃剩饭，因为无法预料结果，一旦发生意外，我们也无法承担后果。

过几天，我在门卫看见了赵宏伟，他也要离校准备单独招生考试的复习备考，正和同学一起往外搬行李物品。我特意把他叫过来，告诉他，他是正确的，那天晚上的大米饭是剩饭，也向他解释了原因。他很高兴地接受了我的解释，我们又聊了学校的其他情况和他单招考试复习得如何。之后，我把他送到门口，看他上了出租车和同学一起回家了。

【反思】 在学生发现学校管理存在问题的时候，选择第一时间告诉老师或领导，说明学生还是信任老师、领导和学校，也从另外一个角度证明了学校的教育还是成功的。

如果学校的管理存在问题，管理者没能及时发现，学生和老师发现了，他们都选择了做沉默的大多数，没有人站出来说话，那将为学校管理埋下隐患。

我认为在管理过程中要激发师生的主人翁意识，学校是大家的，是老师的，是学生的，不只是管理者一个人的，每个人都是主人。学校管理得好，出成绩，每个人都是受益者。要激发师生的责任感，调动师生的积极性，让师生参与到服务管理中。

应该尊重师生的选择，不要因为大家没有说就责备谁，不说出看法、指出问题，说明他们有想法和顾虑，说明我们的管理还存在更大的问题。现实中不是每个人都能接受别人的建议或意见，这就需要一个民主的校风。如果是正确的意见，要敢于正视问题和积极解决；如果意见有局限性、片面性，就要做好解释说明，保护师生的民主意识。

现代的学校管理呼唤民主的工作作风。

（2020 年 5 月 14 日整理）

2. 激发学生珍视同窗之情

【案例内容】今天是2020届选择单独招生考试的高三学生离校的日子，目前统计在校上课人数只有307人，学生在陆陆续续离校。校门口又出现了很多同学搬送行李、挥手告别的场景。三年下来，刚入学时的书包已经不能装下现有的东西，有拿拉杆箱的、有抬整理箱的、有端盆拎暖壶的……有的女同学忍不住哭了，不愿意离开，有些男同学刚才还嘻嘻哈哈、打打闹闹，送到校门口，面临分别的时候，转瞬间沉默不语了，挥挥手，或扭头就走，或向同学肩头捶上一拳。

【反思】作为教育者，我们不能无视这种“执手相看泪眼，竟无语凝噎”“无为在歧路，儿女共沾巾”的离别之情。这是同学之间真实情感的流露。

曾几何时，很多人对一般高中学生的评价总是很悲观，这一点我不敢苟同，这不仅仅因为我是他们的老师。他们很天真、很善良。北票市第三高级中学的学生也钦佩学习成绩优秀的同学，在学习生活中不去打扰他们，甚至是保护他们，有什么劳动任务时，总是抢着干活，怕耽误“好同学”学习。

他们能在学习压力大、时间紧、管理严格的高中坚持三年，说明他们有人生的理想和追求，说明他们有毅力和勇气战胜自己。如果每一名北票市第三高级中学的毕业生与入学前相比较，都能收获素质、文明、思想，这些可能会改变他们一生的命运。

如果我能更早激发他们同窗之情、师生之谊，我们做学生思想工作、学生管理工作将会变得容易且有成效。“见贤思齐焉，见不贤而内自省也。”树立品德端正、学习优秀的学生典型至关重要，每个班都要有先进、有典型，互相学习、互相帮助、共同进步。激发每名同学的上进心，形成积极向上的班风、学风，是学校发展的发动机。我要把这些离别的场景记录下来，讲给那些高一高二的学生，让他们珍惜；讲给主任和老师，让他们重视、关注；讲给我自己，让我更喜欢他们。

生活的每个细节都是教育。

（2020 年 5 月 17 日整理）

3. 深究细查，解决问题要彻底

【案例内容】晚自习下课，我在厕所前的广场旁边值班，发现有三名男同学在喧哗打闹，上前警告了他们几句，他们就松开手，笑嘻嘻地散开，上厕所了，我又到其他地方检查。

巡视一圈，厕所外面学生争吵起来了，很快就围了一圈人，我一边吹哨警告一边上前制止。围观的学生听见哨声就散开了，一位气喘吁吁的男生没来得及跑，就被我抓了现形。我驱散围观的其他学生，把他叫到一边，问他是几班学生，叫什么名，他说叫周某，高一某班的学生，班主任是某某。还没等我问清楚事情原委，厕所外面又打起来了，我看见一个身材高大的男生穿着拖鞋和一个身材瘦小的男生在厮打，马上就赶过去，可是人跑了，没抓到，只抓住了两名围观的学生。我就把这三名学生带到舍办，另外通知年级部管理主任庄瑞超，一起调查处理此事。

经过调查得知，参与打架事件的一共三人，分别为周某、张某、董某。周某与张某为同班同学，张某是给周某帮忙的，周某与董某因女同学郃某打架，周某与郃某为同班同学，郃某曾向周某借过 200 元钱，郃某当晚还钱给周某，周某不要，表示想交朋友钱可以不要了。郃某给周某写了一封信，拒绝了交朋友的请求并把钱还给周某。晚三下课时董某碰见郃某（两人为初中同学，有过一段交往，上高中后两人分手），发现她不高兴，就问她怎么回事，她告诉了董某事情经过，董某劝她几句就走了（董某就是开头打闹中一名同学，真后悔当时没多说他几句）。

下课后，周某与郃某、王某某在厕所外面骂起来。董某上前帮助郃某说了周某几句，周某就与董某打起来了，之后就被我发现，我把周某抓到了，董某跑了，躲避到厕所里面，张某（与周某是同班同学、篮球生）听说周某与董某打架被打了，便跑到厕所打了董某两拳。

后续。第二天早自习时，王某某又与张某因为此事发生争吵。

【解决办法】调查此类事件，一是要分头调查，因为每个人的解释理由都会对自己有利，兼听则明。二是要调查旁观者，因为他们没有参与其中，没有责任，容易突破。三是要把处分说严重、后果说严重，对他们心理施压。四是要写书面材料，帮助他们回忆，形成书面证据，随着调查深入，一次次完善材料，距离真实情况就越来越接近，有时学生的遮掩就无效了，还会与前面的材料相悖。五是要做好学生情绪稳定工作，尤其是晚上处理学生更要慎重。但对事情的分析研判必须当天完成，避免学生心理负担过重，发生意外。六是要将事件发生过程立刻告知家长，小打小闹学校天亮处理，事态严重立即通知家长到校、报警、就医。上文提到的张某，他家离学校比较远，也没有伤害事件，就没有让他家长来接他回家，结果第二天张某又与王某某吵架了。

此事件分别给周某、张某、董某回家反省处分，郃某、王某某警告处分。

【反思】通过这件事我认识到以下几点：1. 事情的发生往往有多米诺骨牌效应，如果当时认真对待董某打闹的事情，就可能避免一次大吵大闹，如果没有大吵大闹，就不会有大打出手的恶性事件。2. 学生违纪事件大多没有很大矛盾，很多都是当事人情绪激动，旁观者起哄，为了“面子”而打架。当我们调查清楚学生不是故意行为或蓄谋已久的恶性事件，不要把犯错学生“一棍子打死”，给他们改错的机会。3. 事情起因、经过、结果一定要调查清楚，不要埋下隐患，要避免事态升级扩大，导致恶性伤害事件发生，高中学生很会隐藏自己。4. 管理人员及时介入、厘清、处理，不放过每个细节，调查的过程就是教育的过程，处理的过程也是教育的过程，管理人员正派的、严谨的工作作风有利于学校管理工作。5. 平时要加强管制刀具等安全排查，从根本上杜绝安全事故。

【跟踪反馈】2021 年 3 月 27 日，周某因查询学业水平合格性考试成绩有3科没及格心情不好，在班主任课上趴桌子睡觉，经提醒后仍不改，嘴里嘟嘟囔囔，班主任让周某到教室后面站着听课，醒一醒，周某倚靠在桌子边上还是昏昏欲睡，对班主任的态度非常不好，班主任再次提醒他好好站着、别睡觉。周某辩解说："我站得很好、也没睡觉"，并且走到窗户边上，坐到窗台上，说，"老师你如果不相信我，我就从楼上跳下去"，其他同学赶紧把他拉下来，结果师生两个人都非常不愉快。班主任找到年级主任解决此事，经调解，周某承认错误，由家长领回反省。

周某以跳楼威胁班主任的行为是非常不理智的，这种行为一定要给予妥善处理，他可以以开玩笑的态度与班主任赌气，随便说说，不是真心想跳楼，但作为管理者不能认为他在开玩笑不认真对待，如果不及时制止有可能发生意外。如对这种行为不加以教育，其他学生也会效仿。

（2020年6月10日整理）

4. 学生资助要"资"心

【案例内容】中午在门卫看见家长和学生与高三十二班郭老师谈话。通过我对他们谈话情形的观察，感觉他们交流得不是很愉快，后来主管资助的政教处焦主任向我介绍了相关情况。学生孙某是建档立卡贫困生，按朝阳市帮扶政策享受困难生补助，在家庭未脱贫之前学生在校期间"零收费"。"零收费"内容包括免收学费、课本费、住宿费、伙食费、延时服务费等所有费用。其中，伙食费减免方式为每半年与食堂结算一次，以实际发生金额为准，伙食费先由食堂垫付，学生在学校吃饭不用交钱，每天不能超过每人每天18元的计算标准或总额不超过学生在校天数乘以每天18元的积。学生伙食费来源由两部分组成：一部分为上级部门下发困难生补助1000元，这1000元根本不够补助学生伙食费，剩余部分由学校统计好金额上报财政，由财政下发补贴补助学生伙食费。矛盾分歧出现在上级下发的困难生补助这1000元上面，它是由财政直拨到学生本人补助银行卡中，不经过学校账户，但却是用餐补助的一部分。学校与食堂结算伙食费时需要学生把这1000元补助交回学校，由学校统一打给食堂财务，否则会造成学生减免费用重复计算。换句话说，造成学生享受了在校“零收费”政策，吃饭没花钱，还额外得到1000元（是上级下发的伙食费）。孙某家长认为这项补助不应该退回学校，坚称补助已经用于生活开支，由于家庭困难无力退款，于是与班主任发生争辩。

焦主任过去与家长解释：学校在期初开学召开过贫困生专项会议，特别对伙食费方面进行重点解释说明，学校每年都按此程序操作，但有个别家长对政策还是不理解，认为学校占用了政府发给他们的补助。面对这种情况，只好由学生做家长思想工作，先让她父亲返回，孙某夹在学校与家长中间很为难。（同时教育局安全办转来投诉件与孙某是同一件事情，高一年级五班于某家长投诉学校侵占学生困难补助1000元云云，我们也是咨询教育局学生资助中心，然后按要求进行答复、解释，全市中小学都是如此操作。另外，还有资助资金未发放到位时，学生家长投诉认为学校未发放或占用，多次进行答复解释。）

【解决办法】经了解，孙某家确实生活困难，孙某与父亲一起生活，通过初步接触，我判断孙某父亲的性格存在一定缺陷，但退伙食费问题还是要解决，不能违反资助政策，要做好宣传工作。先由班主任做学生孙某思想工作，她再去做家长政策宣传和思想工作，按时退回伙食费。学校加强对孙某家庭的了解，在政策允许范围内加大资助力度。

【反思】通过此事，使我认识到学生资助政策顺应人民群众教育发展需求，强力支撑着着力办好“公平而有质量”的教育，体现了扶弱救贫、团结互助的民族精神，能使受资助学生体会到社会主义大家庭的温暖。现在高中阶段已经建立了规范的资助体系，有建档立卡、孤儿、残疾、低保户、救助五项资助，还有社会助学，比如“金达集团”高考奖励基金、北票市慈善总会资助和临时资助。现在不存在学生因为交不起学校的费用而辍学的情况，多数是家庭的综合负担过重，留守家庭隔代培养的学生，特殊的家庭背景或特殊的家庭背景里产生心理、人格等存在缺陷的孩子。学校可以让学生免费接受教育，但家庭是否允许是一个问题，比如父母有病需要人照顾、上下学没人接送、回家没有人能照顾生活起居，等等。

要帮助受资助学生树立远大理想，坚定“人穷志更坚”的信念，增强战胜困难和挫折的意志，珍惜但不依赖外部资助，也要把这种思想传递给家长、家庭。学校也要走进学生的家庭，有针对性地进行教育，通过教育一个孩子、帮助一个孩子，使一个家庭受益，对一个孩子成长负责。

要加强政策宣传，树立正风正气，传递正能量，接受社会监督，绝不能让学生资助“变味”，破坏学校正常的教育教学秩序。在学生中树立既要“不嫌贫爱富”，又不能“争”当贫困户的风气，把资助资金用在刀刃上，落实国家不让一名学生因贫困而辍学的脱贫政策。

（2021 年 1 月 25 日整理）

5. 学生和学生是“一家亲”

【案例内容】今天，在一节政治课上，政治科代表和一些成绩突出的同学去参加竞赛集训。坐在第一位的甲某不认真听讲，总要把身子转向右侧与后桌同学说话，影响老师上课。政治老师多次提醒，他仍然不改，直到老师提高了嗓门，他才转过身来，把手中的笔狠狠地摔在桌上。老师提醒他不要摔笔，他反而又摔了一次，还说，“我摔了你怎么办？”老师非常生气，让他班学生去找班主任，却没有一个学生去，老师又指定一名同学去找，她说不知道班主任在哪里办公，场面一度很尴尬，政治老师去找班主任，班主任又不在，政治老师只好回到班级继续上自习，等到下课铃响后非常生气地离开课堂。

【解决办法】为解决这个事情，学校从三方面做了工作，一是找班主任，告知政治课上发生的事情，由班主任对该生进行教育。二是年部主任找该生了解情况，并对全班同学进行教育，整顿班风。三是该生向政治老师道歉并保证以后的上课纪律。四是调查了解是否有校园欺凌现象，调查这名同学是不是这个班级或年级的“老大”。通过这件事，政治老师从心里不会太喜欢这个班级和这个班级的学生，但是成熟的政治老师还会正常上课，不能与“小孩子”斗气。从大的方面，学生上课受教育是权利，老师上课是职业，老师无权剥夺学生受教育的权利，学校或教育主管部门可以解聘老师让你另谋职业。调查之后发现，此学生在班内表现一直不好，在班内有点“影响”，同学们谁也不愿意“得罪”他，由于科任老师新调整过来教他们班，不熟悉班级情况，不熟悉学生，学生也不熟悉她，师生间缺少沟通、了解和基本的信任。

【反思】表面分析是这名同学的问题，事实上这应该不是一名同学的事情，它反映了该班级班风不正，原本其他学生可以规劝学生或老师，减少或消除影响，但是所有学生只做旁观者，任由事态发展。这里有个老师不得不面对的问题，学生和学生之间朝夕相处，他们是“一家人”。而老师只是融入他们的集体，如果老师与他们相处融洽，也能融入他们当中，情况会好一些。通常班主任相对情况较好，科任老师会差一点，如果不是考试科目的老师关系会更差一点，他们的授课难度大。正所谓“亲其师则信其道”，缺少与学生接触的机会，降低了科任老师的“存在感”。即使班主任有时也很难掌握所有事情，学生比老师更了解学生在班级内或课外的动态，他们也不会把所有情况告诉老师，对打“小报告”的学生反感、甚至是排斥。当班主任时，我曾遇到一起打架事件，参与打架的有多名学生，由于被打学生对我班同学不熟，不能指认我班参与的学生，我负责调查都谁参与了打架，而主谋的学生始终不承认学校不掌握的其他同学参与，最后无功而返。我读万纬的《班主任兵法》，其中有说学生与学生是一个战壕的战友，老师是可以联合与团结的友军，一届一届的学生与老师是车轮大战，我们不能与他们“死磕”。

班主任要加强思想政治教育，树立良好的班风、学风，要掌握学生思想动态，班级要充满正能量，尤其注意细微之处的变化，在班级管理工作中不能马虎大意，要先把学生管住，保证较好的班级教学秩序，然后才能管好。班主任要团结科任老师，形成管理合力，要做好学生与科任老师的纽带和传导，加大对科任老师的正面宣传，通过侧面做工作，团结本班的科任老师与学生。科任老师与学生发生误会时要做好调解，不能不管不问，更不能“抹黑”科任老师，学生与每个科任老师接触的时间虽然不多，但是每天接触，班级要形成以班主任为核心、科任老师为辅的向心力。大家都在一起工作，不能简单说谁帮谁，课堂是学生学习的主阵地，只有每一节上好了学生就好了，学生好了班级就好了。

（2021 年 3 月 10 日整理）

6.“大哥”单招录取啦

【案例内容】高三十班的一名男学生陈某某被同学们亲切地称为“大哥”，不是因为他年龄大，也不是因为他比较霸道，而是因为学校、老师给了他许多“特权”。他可以迟到或早退；可以在上课时外出上厕所；可以在身体不舒服时随时请假回家或不来上课；可以不参加班内任何劳动；可以不上体育课和不参加所有室外活动；可以带手机进校园；等等。为什么他会有这些“特权”，学校如何允许这样的特例存在？

这要从他入学开始，认识陈某某是在 2018 年中考的时候，三高中是考点，我负责在门卫的保卫工作。早上潘主任找到考点主考高校长说：“在我们考点有个特殊考生陈某某，他是一名残疾考生，视力为 0.1，听力极差，考试的时候需要放大镜和助听器辅助设备，需要考点主考同意。”经请示上级领导，考点主任和副主任同意他佩戴辅助设备参加考试，并按照考试说明要求延长他的考试时间。他母亲送他来考试，向我们聊起了陈某某，我们从他母亲处得知了更多关于陈某某的信息。陈某某从小患有糖尿病，一直以来靠注射胰岛素维持血糖，他本人非常坚强，从小学到初中从不轻易缺课，坚持学习。由于糖尿病综合征，他的视力、听力、行动均受到极大影响，他不能吃学校食堂做的饭，只能吃家里做的饭，一天三次往返家与学校，家长全程接送。

正当我们感叹、钦佩他有毅力完成小学、初中课程，也在担心他能否考上高中、如何完成高中学业的时候，他，考到了三高中！

【解决办法】9 月份开学，陈某某母亲来到学校陈述了陈某某的身体条件和需要哪些帮助，大家商议后在学校给他安排一个专人照顾他在学校的学习生活。于是从入学那天开始，陈某某家长把他送到学校门卫以后，由指定的同学把他接到班级，请假等事宜均由班主任与家长直接沟通，于是一场三年的爱心接力开始了。

【反思】三年时光很快就要过去了，陈某某同学高中合格性考试全部通过，顺利完成高中学业，成为一名高中毕业生。他与疾病斗争的事迹感动了师生，学校领导向全校师生发出号召，学习他的坚强和勇气。一路照顾他学习成长的同学的爱心行为也感动了师生，“赠人玫瑰手留余香”，这是爱心的传递，这是人间大爱。从陈某某入学开始，先后有五名同学照顾他，成为一个小团队，其中李萌同学表现尤为突出。“大哥”与李萌结下深厚友谊，“大哥”对李萌非常感谢。李萌这名学生的行为感动了同学、家长和老师，2021 年，他被学校推荐为朝阳市“新时代好少年”。现在，陈某某与李萌这两名同学都在准备 4 月 10 日的单独招生考试，他们的故事还在继续，我祝愿他们心想事成。

通过这件事，我感到爱的教育可以创造奇迹。陈某某在接受我们的教育，我们也在受到陈某某的感染和教育；李萌在照顾陈某某，陈某某也在影响李萌，这就是雅斯贝尔斯那句话“真正的教育是用一棵树去摇动另一棵树，用一朵云去推动另一朵云，用一个灵魂去唤醒另一个灵魂”。

附：推荐 2021 年朝阳市“新时代好少年”李萌事迹。

李萌主要事迹

我是北票市第三高级中学高三十班班长李萌，具有良好的思想品质，热爱祖国，热爱学校和班集体，尊敬师长，团结同学，自觉遵守学校的各项规章制度。作为班长，处处以身作则，起到班干部的模范带头作用，老师交给的任务都能高兴地接受并且认真完成。做到有始有终，是老师们称赞的好干部。每天按时到校帮助老师管理好本班同学的晨读，中午午休期间对大声喧哗等违反纪律的同学敢于大胆制止，能耐心细致地收发同学们的作业，和同学融洽相处，得到同学们的信任和支持。我乐于探究，勤奋刻苦。学习上十分认真，一丝不苟，各科作业能够认真完成。上课时认真听讲，积极回答问题，遇到难题，能积极向老师求教，爱好广泛，积极向上。身为班长的我，深得班主任的信任。

我班有一位身体不好的同学，他叫陈某某。现身体状况是由于幼小患有先天性糖尿病，病情发生病变，听力视力低下，平时生活与学习靠助听器和助视器来帮助，看字写字走路非常缓慢。陈某某的妈妈每天接送陈某某上下学，非常辛苦，从高一入学以来我就知道陈某某的特殊状况，想要去帮助他，到了高三，陈某某成为了我的同学，我主动向班主任请求照顾陈某某，班主任积极支持我的想法，并对我说：照顾陈某某就是一个任务，一定要照顾好他。我接受了任务，决心要把这份艰巨的任务做好，做漂亮，不辜负老师对我的信任。我每天接送陈某某让他只要在学校就在我的视线范围内，如果我去忙别的，我会把他交给我们班的其他同学。陈某某每天到校门口会问我今天的课程表，有时我听不清他说什么，他就会多说几遍。我最开始接送他的时候，他还总说“对不起李萌，耽误你上课了”。我每次都会告诉他没事啦。一开始很陌生，但是时间久了，我们彼此熟悉了，他说什么，他要干什么，我都清楚。在接送他一段时间后，耐心已不如开始，想着放弃。后来，有一件事我让对他又燃起了照顾到底的决心。那天下雪，我按时接他，心想，他够呛能来了吧，但他的行为推翻了我的想法。我像以往一样，在学校等了不长时间，我看到他的妈妈开着车送他来了，我问道：“阿姨，这天还来了啊”。他的妈妈说他喜欢上学。我牵着陈某某的胳膊怕他摔倒，那次从门口走到班级，我带着他走得很慢很慢，想了很多很多。我被陈某某的执着和勇敢感动了，那种感动也可以称为佩服，他自身身体不好，在如此恶劣的天气仍然坚持上学，这不值得我学习吗？不值得我用耐心和细心去照顾他吗？从那以后，我和陈某某日益交好，他的妈妈对我说：“自从你照顾陈某某之后，他回家每天都开开心心的，而且会时常提起你，说说你俩在学校的事，我现在让陈某某上学很放心，阿姨谢谢你替阿姨照顾他”。我会对陈某某的妈妈说：“没事的阿姨，这是我应该做的，同学之间相互帮助是我身为班长的责任”。现在我对他的照顾已经不能算得上是班主任给我的任务，而是朋友和朋友之间的帮助。自从那次以后，每次送他去厕所，我都会和他唠嗑，和他说说开心的事。碰到校领导，我会告诉陈某某这位是学校的哪位领导，他会很听话地向领导们说：校长好！校长则会冲陈某某微笑或者摆摆手，有时校领导也会询问我陈某某的身体状况和学习情况，我会向领导们一五一十地汇报陈某某。我们学校的每个人都在关注着陈某某，努力给他营造一种家的温暖。看到陈某某每天嘻嘻哈哈地冲我笑的样子，我的内心也好受了许多。在陈某某那里我学到了许多许多，包括对学习的热爱、对老师的尊重、对同学的宽容。总之，我们的感情会越来越好。也祝愿我们高三十班的陈某某会早日康复，早日摆脱病魔。

补记：2021 年 4 月 13 日晚，陈某某班主任林浩老师发朋友圈，陈某某通过单招考试被朝阳师范高等专科学校数学系计算机应用技术录取。知情者为之欢呼。李萌同学被葫芦岛船舶学校录取。

2021 年 6 月 12 日，学校组织家访活动，学校李欣校长、班主任等去陈某某家家访，表扬陈某某同学自立自强的精神。

更为巧合的是，陈某某被录取的学校是我的母校，他的数学与计算机系书记丛日涛是我的师弟，我事先与丛书记联系，向他介绍了陈某某的事情，希望得到他的关照，他爽快地答应了。

（2021 年 3 月 17 日整理）

7. 关于捐助那些事

【案例内容】高一年级刘主任向我反映了七班学生马某某的情况。前几天，马某某父亲打私家车来市里治病，司机酒后开车，途中轿车与大货车相撞，司机当场死亡，交警与保险公司已经介入。马某某父亲被 120 急救车拉到医院，经检查身上多处骨折，需要缴纳医药费开展进一步治疗，个人已经通过网络平台进行“水滴筹”。学校一开始不知详情，马某某只向班主任简单说明情况并请假在医院照顾父亲，她父亲危险期度过以后，她家亲属替她照顾父亲，她正常来学校上学，同学反映她每天只吃一顿饭，节省花销用于其父的治疗。马某某是单亲家庭，在她小时候父母离异，家里还有弟弟、妹妹共三个孩子，最小的才 8 岁。刘主任想发动学校师生进行捐助，与我们商议如何处理。

【解决办法】我想这件事首先要弄清楚事实，班主任代表学校到医院去了解情况，了解车祸处理进展，其次要得到家长和学生许可后学校再向师生发出倡议。经了解，不管此次车祸是谁的责任，患者要交纳足额的医药费后医院才能进行后续治疗。司机已经死亡，无法直接找当事人，而且酒后驾车违反交规不属于保险理赔范畴，保险公司不给垫付，就目前情况，只能患者自筹医药费。

后来马某某向学校写了一封求助信，经学校研究，由学校团委向全校师生发出《倡议书》，学生善款交到团委，老师捐款交到办公室。学校免除马某某的学杂费，食堂免除伙食费，帮助马某某同学渡过难关，人间大爱在师生间流淌。

【反思】此事使我想起了 2020 年高二年级十班学生王某的事情。他父亲遭遇车祸，伤势比较重，医疗费用紧张，他向年级部求助希望得到学校师生的捐助，学校没有支持王某的想法，理由是交通肇事可以得到赔偿金，应急治疗可以向交警队申请保险费。高二年级八班学生刘某，是建档立卡户，父亲重病，向学校申请求助，学校没有支持她的想法，理由是建档立卡户学生在上学期间一切费用都已经免除，建议向当地民政部门提出救助，获得政府的资助。2020 年 8 月高三学生林某某放假期间到不营业的游乐场所游玩，从器械上掉落导致脊椎受伤。经核实，该生没有入意外伤害险，家长向年级部求助，希望得到学校师生的捐助。学校没有支持林某某家长的想法，理由是不能确定治疗费用具体金额，学校不能清晰掌握事件处理过程。2021 年 3 月林某某同学复学，治疗费用 10 万余元，家庭有能力承担。

我认为互相帮助、团结友爱、扶危济困是中华民族的传统美德，需要青少年和广大教育工作者发扬并传承，这是加强学生思想道德建设和师风师德建设的手段，是激励学生学习、激发学生感恩之情和增进同学友谊的方式和方法。另外，我想学校有 2000 多名学生，学生和家长会有各种不同的问题，有时既不忍心见困难不帮，又不能有求必应，这会成为一种道德绑架和精神枷锁。师生对捐助这种事情个别人也有不理解，虽然说是情愿但不心甘，如果每次都向全体师生发出倡议，师生也会不堪其扰。再者，建议学校应该建立一个爱心基金会，所有老师和学生每年注入一定金额，建立帮困制度和标准，根据求助对象和发生的意外给付捐助资金，不能是随意性的或者是师生非自愿的方式。每当学生求助时可以利用基金解决燃眉之急或者是交通事故的垫资。最后，学校要在学校管理范围内减免相关学杂费，做教育方面力所能及的事情。

【跟踪反馈】学校师生积极响应团委号召，大家纷纷向马某某同学伸出援助之手，奉献爱心，校内累计捐款 32 039. 2 元，还有部分师生通过“水滴筹”捐款并积极通过微信转发“水滴筹”捐助信息。学校食堂承包人联系社会爱心人士，进一步跟进帮扶。4 月 2 日，学校领导和师生代表把捐款交到学生家长手中并用于4 月 6 日手术费用。

（2021 年 3 月 28 日整理）

8. 学生上课睡觉怎么办

【案例内容】今天下午第一节检查学生上课情况，发现最大的问题就是学生上课睡觉现象严重。

分析学生上课睡觉的原因，一是睡眠不足，住宿学生大部分在早上 5 点 10 分左右就起床，中午 12 点 10 分午睡，有 50 分钟睡眠时间，1 点 20 分预备，晚上 9 点 30 分熄灯，实际进入睡眠时间在 11 点左右，睡觉时长为 7 个小时，符合“五项管理”要求，满足睡眠时间。二是学生对上课内容不理解，对某些科目没有兴趣或者是对上课老师不“感冒”，不管什么时候上这些课，或者说只要是这些老师上课学生就困。三是学生学习动力不足，没有学习目标、学习规划，对成绩表面上重视，实际行动上不落实，“老牛赶山，走一步算一步”，没有学习的主观能动性，打算到高三以后报考省内单独招生，考一所大专院校就行。四是个别体育生起得早，早晚训练量大，身体疲劳，确实需要休息。体育生往往 5 点就开始训练，7 点停训，7 点 20 分吃饭，7 点 50 分上课，时间紧，缺少睡眠，需要补充睡眠。五是极个别学生上什么课都睡觉，自己放弃了学习，家长放弃了希望，把孩子放到学校托管，别到社会上惹事，又不舍得让孩子出去打工或念职业教育学校。

这是我校最普遍、最常见的一个难题。我们采取的常规办法就是对趴桌子同学进行教育、对睡觉同学扣分处理，量化扣分能起到一定作用，部分学生能克制住自己不睡觉、不趴桌子，但是他们仍然迷糊、打瞌睡、没精打采，没有全神贯注地听课。

【解决办法】应该由班主任、科任老师、管理干事和家长共同努力才能管理好上课睡觉的难题。

班主任要指导学生做好学习规划，做好思想工作，树立学习目标、人生目标，增加学习动力，教育学生自觉养成良好学习习惯、生活习惯，教育家魏书生说过“抓习惯就是抓质量”。班主任要求学生按时起床、睡觉，尤其是同宿舍的学生要养成良好的作息习惯，比如晚上 11 点前必须睡觉、早上 5 点 30 前不准起床，起床之后就马上洗漱、整理内务。养成良好的作息习惯的前提是养成良好的学习习惯，做到“今日事今日毕”，规划好自己的时间，不要贪大晚学习影响第二天学习，形成恶性循环。班主任要传授学生克服睡觉的小方法。比如特别困的同学自觉到教室后面站一小会儿，搓搓脸，拢拢头发，课间时眯五分钟，同桌提醒，或者睡 5 分钟等。

科任老师要提高讲课质量、备课质量，根据学生的实际讲授内容，无论知识点多么重要，首要问题是学生能学会、做会或讲会，学生无论如何都不会的知识点，怎么重要、怎么讲也不能达到目标，要做到因材施教。如果上课时极个别学生特别困或者班级学生整体困，不如停下来，让学生美美地睡上一小觉。学生困了一定会睡觉，只不过是在谁的课堂睡觉罢了。

管理干事及时检查、提醒、警示教育，对多次睡觉的同学扣分。

家长要管理好外宿生，现在外宿生比住宿生睡觉现象严重，因为外宿生有时间玩手机或看杂书熬夜，家长缺少监管或者监管不力，形成恶性循环，晚上不睡觉，白天补觉，中午不睡，每天都睡不醒。

学校要设计好作息时间表，从根本上保证学生休息时间，尤其是必须安排学生午睡时间。营造好的休息环境，加强熄灯以后的管理，不能互相干扰休息。学生宿舍老师严格执行作息时间表，不能过早让学生起床、离舍，避免影响其他同学休息。

【反思】学生上课困，一定有原因。找睡觉的同学好好谈一谈为什么上课睡觉，弄清楚每个同学上课睡觉的原因。如果是偶然的因素造成上课睡觉，比如家里有事发生家人睡得都很晚，这种情况很好处理，下次不会发生了；如果学校要举行或已经举行了文体活动，大家很兴奋地谈论活动，神经兴奋睡得晚了，第二天犯困，这都可以理解或自行解决；如果每天都困，都睡不醒，就要问清楚，是什么原因造成的，想办法一起克服。

部省市下发关于加强中小学生作业、手机、睡眠、课外读物、体质健康管理“五项管理”的系列文件，切中当前教育管理时弊，尤其是睡眠一项，学生只有充分休息才能有精力学习，才能有良好的学习效果。教育部用小切口解决大问题，这个办法非常好。可能我们还不能立刻解决这些问题或者彻底解决这些问题，但现在我们有了教育部的支持，可以放手去抓去管。比如朝阳地区正在进行营养餐试点，还有现在存在的新冠疫情，外宿生中午也可以不回家吃饭，在学校吃饭，然后在学校午睡，避免外宿生中午不回家，在学校附近吃快餐，在学校外面玩。

还有困扰我们的手机问题，手机这个现代的通信工具使用，微信、钉钉等软件的开发，方便了学生管理，我们与家长有了更为直接的联系、沟通、交流手段，但也给我们带来管理上的困难。手机就是其中一项顽疾，现在几乎每名学生都有一部手机，有的学生有两部甚至三部。学校原则上允许学生带手机进入校园，进校以后要第一时间上交班主任，由班主任上交年级主任，由学校统一管理，但极个别学生上交给班主任一部，手里还有一部，在课间或者上课时玩游戏、网购、联络微信好友，严重影响学习，干扰了正常的教育教学秩序。家长溺爱孩子，给孩子买手机、充话费。

（2021 年 6 月 5 日整理）

9. 课间做什么

学生课间做什么？

《未成年人保护法》（最新修订版）中明确指出，要保证未成年人的休息时间。学校不得要求学生在规定的上课时间前提前到校参加统一的课程教学活动，不得限制学生课间出教室活动。

我个人认为此项规定正确，学生在课间时要走出教室，但也要因人而异。

一是解决学生“困守教室”，无法在课间走出教室的问题。首先，保证课间宝贵的10分钟。严禁老师“压堂”，学校要制定规则，要求下课铃响后立即下课，不能以任何理由延时上课。其次，教学楼附近提供活动场地。加强校园硬件设施建设，扩大操场等活动场所空间，添设运动器材，使学生有地方玩，能玩。最后，强化课间管理，加强思想教育，引导学生文明活动。增加课间活动安全监护人员，课间纪律巡视，时时监护，制止危险活动，保护学生安全。

二是合理安排课间内容，让学生的需求得到充分尊重。学生在课间的需求不同，不能“一刀切”。学校可以要求学生能走出教室尽可能走出来，要参与课间活动，可以运动、聊天。有的同学可能要补充能量，可以在教室喝水、吃没有特殊气味的食品；有的同学可能前天晚上做作业了，睡得晚，要在课间补觉，保证上课时的精力；有的同学有劳动任务，可以擦黑板、搞卫生、整理讲桌；有的同学要上厕所，可以上厕所。老师绝不能把不下课作为惩罚，也不能把下课作为奖励，要尊重学生的选择，允许学生选取适合的方式活动，不能管“死”。

三是减少上厕所时间，学生较多的学校要增建厕所，保证每座教学楼的每一层都要有厕所。有的学校没有室内厕所，而室外厕所一般离教学楼稍远一些，人又多，道又远，课间时间短，厕所十分拥挤，有些学生反映，刚去了一趟厕所便上课了，根本没时间活动，尤其是女生上厕所困难的问题更突出，女生厕所要增加蹲位。另外，有些特殊情况，比如有些同学趁上厕所时间吸烟，聚众斗殴，要加强厕所管理，严禁在厕所违纪，也能在一定程度上缓解上厕所的矛盾。

四是课前一分钟要回到教室，准备下节课程内容。让学生收心定性，所谓“心收静里寻真乐，眼放长空得大观”。学生活动也要有度，不能剧烈活动，因为没有时间做准备活动，学生剧烈活动容易受伤。活动后，要放松、要平复，要让学生把心思转移到课堂。要求学生提前一分钟回到教室，洗洗手、擦擦汗，把下节课要学的课本拿出来，摆在桌上，喝口水。可以组织学生唱课前一首歌，背古诗，背本学科公式、定理等。老师也要提前候课，督促学生回到课堂，组织纪律，避免有些回来晚的同学在走廊快速奔跑发生意外。

总之，课间时在室外的同学要活起来、动起来，在室内的同学要静下来，以不干扰其他同学为宜。课间时要加强学生安全管理，禁止学生参与危险运动，禁止学生在楼梯上追逐打闹。课间时要让学生大脑得到充分休息。课间不能无人管，也不能管得无人。

（2021 年 6 月 16 日整理）

第二章

守护校园安全底线

10. 果断出击，避免学生受到伤害

【案例内容】晚上第二节课上课后，值班的生活处潘主任给我打电话说，高一六班女同学王某父亲醉酒后在门卫吵闹，要找他家孩子的班主任，还往教学楼里闯，辱骂保安和值班的后勤陶主任，问我怎么办？我说马上报警，拦住他不能让他进入教学楼，避免学生或老师受到伤害，随后我立即下楼去门卫处理。

我到达门卫时，王某的父亲刚刚被她母亲和一同来的亲友接走，几位余怒未消的值班领导还在门卫发表评论。这时警察也来到学校门卫了解情况，我们向警察汇报了事情的来龙去脉，还原当时的情形，警察就离开了。当时晚上第一节课下课，学生向在高三值班的陶主任反映有家长在门卫谩骂保安，保安阻挡家长入校，家长和保安吵起来了。陶主任马上来到门卫，发现家长酒喝多了，问他什么事，他说要找学生班主任陈老师，问陈老师为什么让他的孩子回家，言辞激烈。陶主任向他解释，他开始谩骂陶主任并大声呵斥，谁都不准拦他，还往教学楼里闯，谁向他解释，他就骂谁。期间他给陈老师打电话，陈老师没有接电话（陈老师第二节课正在上课）。学生王某也在门卫被这个场面吓得直哭，也拦不住她的父亲，并向陶主任说明了情况。在高一值班的潘主任找到陈老师并向她了解情况后，也赶到门卫与陶主任一起处理。原来是学生王某因胃肠感冒、有点发烧（此时正处于新冠肺炎防控常态化时期），向班主任陈老师请假，陈老师按要求让家长到校来接学生回家。陈老师先给她的父亲打了电话，告知相关情况让他来接，否则学生不能离校。这时陈老师发现王某父亲醉酒了，无法沟通，又给王某母亲打电话，才知道王某父亲在学校附近饮酒，王某母亲表示马上打车到校来接孩子，她家离学校有 70 里地，最快也要 30 分钟。陈老师与家长沟通完就上课去了，可是没想到，王某父亲先来到学校，后来，被赶到学校的王某母亲和两位亲友强行带离。王某母亲在回家路上打电话来向当时在场的领导、保安、陈老帅道歉。

几位在场领导心里感到十分委屈，无缘无故挨了一顿骂，即使知道家长是醉酒状态，内心的苦楚也无法言说。我劝慰了几句，显得很苍白。值班当晚，我一夜未眠。

【解决办法】第二天，我向李欣校长汇报，校长指示要积极与派出所联系，向派出所了解处理结果，要求学生家长亲自到校向当时在场的领导道歉，强调此事与学生王某无关并做好学生心理辅导。最后，派出所带学生家长来道歉，双方和解，值班领导稍有宽慰。学生王某返校后，班主任对她进行了心理疏导并没有向其他同学说起此事。

【反思】通过这件事，我可以总结出以下经验教训。一是此事处理及时、果断、得当，没有产生更加严重的后果，避免了学生受到伤害、教学秩序受到影响、老师受到辱骂。二是值班领导和保安是学校教育教学的保障，保安严格执行学生请假外出程序非常正确，一定要把学生交到放心的家长手中。教育工作面临着很多不可预知的事情，表面的岁月静好是由于很多人的负重前行。三是学校要与驻地派出所保持良好沟通，遇有突发事件警方出警才能迅速。在势态发展到学校不能掌控的情况下，校方要第一时间报警，避免或减少损失。四是学校、社会、家长协同办学非常重要，每个环节都必不可少。家庭教育对孩子成长最为重要，每位家长要注重对孩子的言传、身教。学校教育只能是学生成长过程中的一段、一环。

（2021 年 1 月 1 日整理）

11. 青少年犯罪离我们有多远

【案例内容】今天北票市政法机关“我为群众办实事”进校园法治宣传活动走进我校，围绕预防未成年人犯罪和提高学生法律意识给全校学生上了一堂精彩的法治课。报告会上，北票市法院刑事审判庭庭长段锦秀法官用通俗易懂的语言给师生们普及了简单实用的法律知识，解读了一个个生动鲜活、触目惊心的青少年犯罪案例，以案释法，以法论事，使大家受益匪浅。通过这样的活动营造了“学法、知法、守法”的良好氛围，增强了同学们的法律意识，使同学们更加自觉地约束自己的言行，养成了遵纪守法的好习惯。

2019 年以来，朝阳地区检察机关未成年人检察部门共办理审查逮捕未成年人犯罪案件 125 人，批准逮捕 68 人，不批准逮捕 57 人，受理审查起诉未成年人案件 131 人，对未成年人犯罪依法慎捕慎诉。

最近的一则新闻：中国新闻周刊——8 月 10 日，大连市沙河口区人民法院对 10 岁女孩小淇被杀案进行民事诉讼宣判。受害者小淇母亲贺美玲告诉中国新闻周刊，此次判决被告方父母、律师再次未能出庭，法院判处被告向其公开赔礼道歉，并进行 128 万余元的民事赔偿。判决书显示，2019 年 10 月 20 日 3 时许，小淇被蔡某某骗至家中，欲与其发生性关系，遭到小淇拒绝后，蔡某某将其杀害，抛尸灌木丛。10 月 24 日，大连市公安局发布《收容教养决定书》，认定被告蔡某某实施故意杀人行为，致小淇死亡，但因蔡某某未满 14 岁，决定对被告蔡某某收容教养三年。

针对上面问题，十三届全国人大常委会第二十四次会议 26 日表决通过刑法修正案（十一），共 48 条，针对低龄未成年人犯罪、疫情防控、金融市场乱象等人民群众关切的突出问题，对刑法做出修改完善。刑法修正案（十一）自 2021 年 3 月 1 日起施行。

修正案对刑事责任年龄相关规定做出调整，规定已满 12 周岁不满 14

周岁的人，犯故意杀人、故意伤害罪，致人死亡或者以特别残忍手段致人重伤造成严重残疾，情节恶劣，经最高人民检察院核准追诉的，应当负刑事责任。

这样修改，坚持了对未成年人违法犯罪，教育为主、惩罚为辅的原则，结合未成年犯罪人的特点，兼顾被害人和社会的感受，明确对低龄未成年人犯罪既不能简单地“一关了之”，也不能“一放了之”。因此做了极其慎重的，非常有限制、有条件的微调。

【反思】这使我想起了工作中的三个案例，让我久久不能释怀。

第一个案例《天之骄子殒命校园外》。2010 年 5 月一天的中午，天空正下着毛毛细雨，在学校（桃园校区珠江街 25 号）外面的社区里发生了一起杀人案，尹湛纳希高中的一名体育生王某被我校的一名高一学生步某用匕首刺死，一个花季少年凋零，一个花季少年蒙尘。当天正是我值班，中午 12 点以后我在门卫封完学校回到值班室休息，门卫保安刘俊宝师傅急促地敲门说：“李主任快开门，出事啦！”我问：“怎么了？”他说：“李主任，咱们学校有一个学生杀人了，警察在门卫等你呢。”我急忙跑到门卫，见到城关派出所的刘警官，他说：“李主任，我们接到桃园社区居民报警，接警以后我们到现场查看，发现一名学生死亡，死者为尹湛纳希高中的一名学生，凶手是你们学校的步某。”我赶紧给主管单校长打电话汇报此事，并立即到事发地点，看到警察已经拉起警戒线封锁了现场，无关人员不得靠近，120 救护人员已经放弃抢救，死者已无生命体征。

后经警方调查，事发地点在校外居民区，事发原因是步某的女友与另一名女同学发生矛盾，双方各找一些初中同学或好朋友，相约在中午放学时间到校外协商解决，对方女同学的同学找到尹湛纳希高中的王某帮忙，双方协商不成，大打出手，步某不敌对方，拿出准备好的匕首，连刺王某两刀，王某伤及要害当场死亡，后步某到公安局自首。王某因为义气来帮忙最终搭上身家性命，步某因为冲动毁了大好前程。

第二个案例《神秘好友竟是盗窃犯》。一日，阜新警方到校找某女生协助调查多起盗窃案。年级管理主任宝玉明主任接待了对方，据宝主任介绍，这名女同学平时表现一切正常，没有什么违纪行为。后警方审问了该同学，得知她通过网络交往了一名好友，是辽宁阜新人，平时在网上聊天，相处很好，好友经常给该同学一些“礼物”，如手表、小包、手机等。经警方审问后发现该同学确实不知好友真实身份，而且所得“礼物”没有出售，均交给警方，没有认定为同犯。警方告知女生与她交往的是盗窃犯，已经实施多起犯罪，送给该女生的“礼物”都是偷盗所得，都是赃物。这是典型网络交友不慎的案例，万幸的是警方侦破及时，该女生确实不知实情，没有参与其中，双方交往不深，否则结果无法预料。该案提醒我们，网上交友要谨慎，千万不能轻言轻信，轻易别接受别人的礼物或金钱。

第三个案例《贪小利出售个人信息险受骗》。2021 年 4 月 1 日，学校李校长到建平县第二高中学习，听到他们学校霍铁建校长介绍了一个很有代表性的案例。杭州警方到建平第二高中调查三名高三学生，理由是他们参与一起网络诈骗，数额巨大，警方掌握的相关信息均是这三名同学的一些信息，其中有身份证、银行卡、手机号码及密码等。调查结果是这三名同学通过网络平台把非法获取相关人员的相关信息以千元不等的价格出售给了诈骗分子，他们认为银行卡里没钱，自己也不使用，就当没有这些银行卡，肯定没问题，不会有损失。而犯罪分子却利用他们的真实身份在网络实施诈骗活动。他们是明知有风险还出售个人信息，警方要把他们带到杭州协助调查，后来考虑到还有两个月参加高考（有可能影响学生高考政审），警方同意他们在当地配合开展调查取证，随时配合警方调查。年少无知贪小利，自毁前程未可知。

【跟踪反馈】不同的案例却反映了同样的问题，年少无知，不懂法，不畏法。

作为教育者，我深感法律知识匮乏，亟需相关培训，尤其新修订的《未成年人保护法》《教师法》《中小学生惩戒规则》等，只有知法，才能守法，才能用法，才能以法育人，用法律武器保护自己、保护学生。在课堂上、在集会上、在管理学生上，我才能宣传普及法律知识。个人认为学校要多组织一些法律知识讲座，观摩一些法庭审判，通过组织模拟法庭等活动普及法律知识。

作为学生，要做到心中有法，知法守法用法，不要有法不责众的愚蠢思想，未满 18 岁是未成年人不能判刑等错误的浅薄的法律认知。

要时刻警惕青少年犯罪，它离我们并不遥远。

（2021 年 4 月 3 日整理）

12. 珍爱生命，遵守交规

【案例内容】今天高一年级学生蔡某来办理休学。他于 2020 年 11 月 21 日遭遇车祸，当场昏迷，用他的话说“捡条命”，身体几处骨折，抢救之后历经几次手术，现在体内留有钢钉，还需要手术取出，治疗费 3 万余元。看似普通的交通事故，背后有个小故事。他家住北票市北塔镇，当天早晨 6 点接到以前同学的电话，邀他一起到北票市西官镇送人。他的同学驾驶一辆全新的本田雅阁轿车，在返回途中因车速过快，车辆失控掉到路边沟里，车辆翻了，司机受轻伤。他因在车上睡觉，没有任何保护意识，受伤较重，车辆报废。驾驶员未满 18 岁，没有驾驶证，属于无证驾驶，保险公司不报销任何费用。车辆是驾驶员从汽车租赁公司租借，把车辆出租给了未成年人，汽车租赁公司属于违规经营。

【解决办法】事故没有造成人员死亡是不幸中的万幸，为事故的协商解决创造了有利条件，如果有人员伤亡，这样的案情是不能“私了”的，应交由警方调查处理。三方经过协商，车辆损失由租赁公司自行解决，受伤人员医药费双方各自承担。学校准予蔡某休学，并进行严肃批评教育。

学生在校外发生交通事故，学校有宣传教育不到位的责任。如果学生在校内发生交通事故，那么学校责任就太大了。为此，我们防范和管理的重点是校内学生交通事故，我曾重点研究了两个案例，一个是发生在朝阳市的学生无证驾驶引发的交通事故，一个是发生在校内老师驾车撞死学生的交通事故。另外，学生上学或在家骑摩托车、电动车，在农村驾驶农用三轮车都存在很大的安全隐患。

【反思】学生大多是未成年人，驾驶机动车辆均属违法。如果学生在假期或休息日，事故发生在校外，学校无责任，但要多加强交通等安全教育。如果学生请假外出一定要有请假手续，否则学校有监管不力的责任。如果学生私自外出，学校没有责任。校园内交通事故一定要杜绝。

另外一个安全隐患是很多家长因工作繁忙在孩子上下学或月休时没有时间接送，雇佣社会车辆接送或者左邻右舍帮忙接送。有时雇用的车辆为了追求利益最大化，存在超载的现象，基本上都是未取得校车标牌的车辆提供用车服务。还存在驾驶员漠视交通规则，饮酒驾车、超速行驶等诸多安全问题。

交通安全关系到每一个家庭的幸福，任何意外都会给学生、家庭造成无法愈合的伤害。父母能抽时间亲自接送孩子当然是最好的，如果不能亲自接送，就一定选择具备相关资质的校车接送孩子上下学或放假，家长切不可将孩子交给无资质的接送车辆，避免对孩子造成不必要的伤害。

这使我想起了发生在 2020 年 7 月 4 日的朝阳到北票路上的交通事故。(辽宁省朝阳市通报的一起两车相撞事故：3 死 6 伤。来源：朝阳交警)

搜狐网关于此次事故的报道。《4 死 5 伤！ 17 岁男孩在朝阳驾车发生事故!》

2020 年 7 月 4 日 17 时 10 分许，在辽宁省朝阳市双塔区京沈线桃花吐镇下洼村路段发生一起较大交通事故。

田某（17 岁）驾驶辽 NVYxXX 号小型轿车在沿京沈公路由南向北行驶过程中穿越道路中心隔离花坛驶入对向车道，与相对方向韩某某（31 岁）驾驶的辽 NBSxXX 号小型普通客车发生碰撞，造成 4 人死亡、5 人受伤。

经深度调查，田某未依法取得机动车驾驶证，驾驶机动车上道路行驶超过限速标志标明的最高速度以及操作不当驶入道路左侧，是导致事故发生的直接原因；于某长期在没有取得任何行业资质的情况下在汽车租赁行业内从事经营行为，违规出租车辆，非法招揽租赁生意，多次将车辆租给没有取得有效驾驶证件的未成年人，从中非法谋利是导致事故发生的主要原因；韩某某驾驶机动车在道路行驶超过限速标志标明的最高时速是导致事故发生的次要原因。

该起事故中，田某、于某均涉嫌交通肇事罪，公安机关已立案侦查；韩某某涉嫌交通违法被依法处罚；朝阳市双塔区某汽车租赁服务部未申请办理汽车租赁经营许可服务审批，不符合从事汽车租赁服务经营者应具备的法定条件，对车辆管理不善负重要责任，被相关部门予以处罚。另有两家相关单位因监管、管控不力承担一定责任。

无证驾驶、超速行驶，一次侥幸、一生悔恨。面对这样的悲剧，辽宁交警郑重提示广大交通参与者要严格遵守交通法律法规；广大家长要切实履行好对未成年子女的监护职责，莫让事故重现，悲剧重演。

【跟踪反馈】

2020 年 12 月 30 日大连理工大学和 2016 年 5 月 5 日安徽宿州学院发生的交通事故，对我们是一个警示教育。

目前大连理工大学“12. 30”事故还没有结果，不过处理起来一定很麻烦，既是在校内，还是本校老师。为此，我们制定学校内交通管理制度。

附件：《北票市第三高级中学车辆出入校园安全管理制度》

学校是学生密集、学生活动的公共场所，为了全校师生的安全，防止车辆进出学校造成安全事故，经学校研究决定，对进出校园的车辆加强安全管理，确保全校师生的生命、财产安全。根据学校的实际情况，特制定本规定：

一、校园内职工车辆规定

1. 教职工骑自行车、电动自行车进出校门时必须下车推行，严禁在校园内骑行。

2. 机动车辆进出时间规定：

①车辆早晨上班出入学校时间为：7：00 前或 7：30—7：40

②车辆中午下班出入学校时间为：11：20—11：30 或 12：20—13：00

③车辆下午上班出入学校时间为：12：20—13：00 或 13：20—13：30

④车辆下午下班出入学校时间为：16：40—16：50

⑤车辆晚自习下班出入学校时间为：21：00 后

3. 学校上课期间在校内行驶的车辆不得鸣笛。

4. 学校教职工的机动车辆应停放在规定的区域，不得乱停乱放。

5. 如遇大型活动或者大型考试，机动车辆禁止进入校园，教职工可以选择学校附近地点停放。

二、外来车辆的管理规定

1. 严禁报废车、无牌无证车进入校园。

2. 接送老师、学生的车辆不得进入校园，严禁在校门黄线区域内停车。

3. 严禁营运性质的出租车、摩托车、三轮车、大货车进入校园。

4. 来校办理公务的车辆进校，首先要联系好对接人员，并在门卫登记后方可进校。

5. 来校参加文体、教育教学等活动的车辆，谁组织谁负责安全。

6. 凡遇下课、放学等学生出入高峰期，外来车辆必须自觉停车，待学生疏散完后，方可继续行驶。

本制度即日起执行。(北票市第三高级中学2021年3月9日)

(2021年4月6日整理)

13. 论“三保”的重要性

负责德育工作之前，我没有意识到保安员、保洁员和保险在学生管理中的重要性，当经历过一些事情之后，我认识到了“三保”是学校管理的门户、门面和门闩，个人的“德育管理实习期”就是在门卫和卫生间完成。

我先说门卫保安员。门卫是学校安全工作的第一道关卡。他们拿着学校最低的工资，做着学校教职员工最不愿意从事的工作，掌管着学校的门户。学校每天发生的对外事情和到访的人都要经过门卫，保安员的素质和能力代表着学校的形象和体现着学校的管理水平。他们每天负责外来人员和外来车辆入校、迎送学生上下学和教职工上下班、临时存放物品、接待家长等工作。比如，曾经阻止过醉酒家长强行入校，阻止不正常渠道入校宣传高校招生，接受过安保、维持稳定工作等检查。

第一，保安员是学校的第一印象。保安员是学校形象的代表，要规范其穿衣打扮和言谈举止，穿着保安服上岗，要和颜悦色地接待家长和来访客人。无论来的人多么着急，都要认真询问“你是谁”“你从哪里来”“你到哪里去”，指导来人如何联系要找的人、如何办理相关业务。绝对不能一问三不知，态度生冷硬，语言冷嘲热讽。同时，要一视同仁平等地对待来访人员，因为你不知道来人是谁，有可能是上级领导、学校领导亲朋，也有可能是检查人员，甚至有可能是生气“找茬”的家长。

第二，门卫的卫生和物品摆放。及时清点保卫器械，清理无关物品，保管好个人物品，保存好家长或教职工临时保存物品，坚决不收邮寄物品（邮件太多，严重影响保安办公）。每天搞好卫生，通风消毒，禁止吸烟。

第三，认真履行职责。门卫是学校宣传窗口，保安是学校宣传委员。很多社会人员或家长经常来咨询事情，一定要你有来言我有去语，能解释的要解释，不能解释的要告诉谁能解释答复。冬天或特殊天气要把来客让到接待室，比如家长来看学生，有时时间掌握得不准，来得太早，要告诉他们什么时间学生下课或到时间再来。校外学生或年龄小的来客一律不准入校。

另外，我们要关心、关怀保安员生活，解决他们工作上的困难，不能认为他们是临时工，就不管不问。学校有集体来客或“外事”活动等要提前通知门卫做好准备。每次在开学的学生大会上我都要说尊重我们的临时员工，在师生中营造尊重保安员和保洁员等临时工的氛围，共同支持他们的工作。

我再说保洁员。根据学校实际情况，室外学生水冲卫生间和行政楼的卫生间由保洁员负责。我要求保洁员每节课上课以后都要打扫室外学生卫生间，每天上下午清扫行政楼卫生间，及时处理微小问题，排除隐患。具体要求不赘述，总之要管理好这个“最脏”但要“最净”的地方。

正是因为“三保”的重要性，从 2020 年 11 月开始，按上级要求学校规范校外临时用工，与保安公司签订了劳务用工合同，学校设置保安岗位，明确岗位职责，付劳务费给劳务公司，学校对他们的工作表现进行考核，解决了人事关系的难题，根除了劳务纠纷隐患。

为什么学校愿意与劳务公司签订合同，愿意付更多更高的劳务费（每人1600元）？因为几年来学校与临时工发生过多次劳务官司，当时作为办公室负责人，我具体负责处理这些问题，积累了一点经验和教训。

2010年，三名保安员因为表现较好，调岗担任宿舍管理员。其中两人为夫妻，他们在宿舍工作中表现积极，无论是男生宿舍，还是女生宿舍的零星维修均自行处理，为学校节约了一定经费支出。后来，他们多次以失去独生子女父母的身份到市政府上访，上级为了维稳，让学校领导找他们谈话，主要解释国家的政策法规，让他们不要着急，国家会出台相关政策。但是他们非常不愿意，也不理解学校处境，对学校产生怨气，要求辞职，而且必须补偿他们加班费和维修费。另外一名宿舍管理员因为未按学校要求检查学生手机，被辞退，要求学校补偿超时费。一名保安员在工作时间、在工作岗位饮酒被学校劝退，对学校心怀不满，要求学校补偿加班费。

以上三起劳动纠纷均由人社局劳动仲裁，学校均或多或少给予补偿。按劳动仲裁条文，劳动者是弱势群体，要保障弱势群体的权益。其实，聘任以上人员的时候在双方自愿的基础上签订了合同，虽然没有加班费或者是延时费，但是按正式教职员工标准享受学校福利待遇，二者相比，相差无几。劳动仲裁的时候并不采纳学校的意见。学校只好从原本紧张的办公经费中拿出资金支付劳动仲裁或法院判决的补偿金。

痛定思痛。2020年教育局出台校外临时用工要求，规定不准任用年龄超过60周岁的临时工，按上级要求学校全面规范临时用工，将现在符合条件临时工归入劳务公司，继续留用，因为他们为学校工作时间比较长，与师生建立了良好的关系，熟悉学校情况，与学校发生劳务纠纷的毕竟是少数人。不符合规定的人员按上级要求予以劝退。至此，保安员和保洁员任用全部正规化，彻底清除劳务纠纷的隐患，提高了后勤保障能力。

最后说保险。保险是解决教职工、学生伤害事件的最后一根救命稻草。校园保险有学生个人意外伤害险、校方责任险、雇主险、教职工工伤保险、教职工大病医疗保险补充险、女职工安康保险、退休教职工意外伤害险等。

教职工工伤保险在工资里直接扣除，不用个人单独入险，但是工伤认定还是比较严格的，工伤保险不等于意外伤害险。

教职工大病医疗保险补充险是按个人自愿原则入险，保险费以前是150元，现在是180元，学校和个人各负担一半，以前我曾负责此项工作，个人认为是非常有必要交纳医疗保险补充险的。只要是医保报销的医疗费用全都给报销，在医保报销以后按标准进行二次报销，经过二次报销教职工住院基本上报销比例达90%以上。在我的记忆中，有几名老师因为没入补充险，自己生病住院，多花了很多钱，现在大家认识都提高了，基本上达到全员入险。

女职工安康保险是妇联要求给女职工入的保险每年60元。这是学校出资的一个女职工福利，主要是妇科疾病，另外还含有意外保险。

退休教职工意外伤害险是老干部局要求给退休人员入的保险，每年100元。学校出资的关爱退休人员保险，但是退休人员知道的不多，很多退休人员出险不报险。

临时工雇主险是学校给所有临时用工人员入的保险。工作时不能完全保障他们的人身安全，政策上不给临时工入工伤保险。为解决这个安全隐患，我们主动与保险公司业务员联系，了解相关险种，经过慎重比较，学校选择了雇主险，每个人交保费450元，保险赔偿额60万元，赔付标准与工伤保险相同，65岁以下均可（这点比工伤保险还要宽泛）。根据临时工工作随时进行调整的特点，参保人员可以随时调换，不用另外补保费。

以上都是教职工的保险，下面我谈谈学生保险，这也是德育工作的一个难点。

学生意外伤害险。国家有政策不准商业保险进校园，但是学生确有必要入意外伤害险，一旦发生意外学生可以得到补偿。一般情况下，如果孩子的医疗费用有着落，家长就不会与学校产生纠纷了，减轻了学校压力，能保障良好的教育教学秩序。我本着自愿的原则，提倡学生入意外伤害险，但不向全体学生做硬性要求，只要求体育生和参加学生运动会的同学入意外伤害险。

校方责任险。学校每年都入校方责任险，每人 5 元标准，从办公经费中支出。每年都有学生用校方责任险赔付的医药费，是非常好的保险。

这些保险是校园安全的重要补充和有力帮手。

再说一下前几年我曾处理过的一起因训练意外受伤导致的法律纠纷。那是一次足球训练课，一名男同学甲在运动中大脚开球，足球踢到另一名同学乙的眼睛上。体育老师张老师立刻上前询问处置，当时乙同学说没有问题，不用去医院。张老师还是让两名同学陪同去医院诊治，到医院后进行了 CT 检查，诊断结果为视网膜充血，需要静养几天。乙同学没有回家休息，仍照常上课。大约一周后学生休息，乙同学向班主任请假，理由是眼睛看不清东西，家长陪同去沈阳看病。到沈阳后，乙同学被诊断为视网膜脱落，需要住院手术治疗，经过两次治疗后治愈上学，医疗费用 10 万余元。此时家长找到学校，希望由甲同学、学校、乙同学三方协商解决医疗费用，具体如何赔偿三方主张不一致，学校主张通过法律手段解决。甲同学不同意赔偿。最终三方没有达成一致意见。乙同学家长委托东官营镇司法所工作人员，将学校、甲同学起诉到北票市人民法院。学校委托教育局法律顾问解国龙应诉。北票市人民法院判决：学校负全责，承担全部医药费用。学校不服一审判决，二审上诉至朝阳市中级人民法院。学校聘请专门法律顾问刘玉杰负责诉讼。二审维持原判。

我方上诉理由《民法典》第一千一百九十九条：“无民事行为能力人在幼儿园、学校或者其他教育机构学习、生活期间受到人身损害的，幼儿园、学校或者其他教育机构应当承担侵权责任；但是，能够证明尽到教育、管理职责的，不承担侵权责任。”

同时根据教育部《学生伤害事故处理办法》规定，在一些不可抗力或者意外事件中，学校行为并无不当的，即使出现了学生伤害事故，学校也可以不承担责任。其中规定“在对抗性或者具有风险性的体育竞赛活动中发生意外伤害的”。

此事故，由我全程负责，通过法官陈述，我理解判决主要依据是学生相对于学校是弱势群体，法律倾向于保护弱势群体权益，又因伤害事件发生在学校操场。如伤害事故发生在学校，学校有监护责任，老师有保护责任。甲同学是参与足球训练，无主观伤害意识，不负责任。

在司法实践中，学校管理制度是否健全，是否开展了日常安全教育，管理行为是否存在疏忽，发生伤害事故后是否及时进行救治，以及学校工作与伤害事故的发生是否存在因果关系等都是判定学校是否承担责任的重要标准。

通过这件事，我深刻认识到学生保险的重要性，个人支持给学生入意外伤害险和校方责任险，可以规避不可预见的安全事故。但是，作为管理者，心中要始终把学生安全放在第一位，同时要运用法律厘清学校责任边界。

（2021 年 4 月 26 日整理）

14. 面对“校闹”说“不”

【案例内容】 5 月 20 日，李欣校长批给我市教育局转来的两个投诉件，教育局领导说一共四个投诉件都是同一名家长，投诉事情大同小异，暂时先给转两个材料，希望学校认真调查，谨慎对待，给教育局和家长满意的答复。

总结投诉人的诉求，一是班主任体罚学生；二是班主任调整座位时收取贿赂；三是学生找班主任调整座位对学生不礼貌。

【解决过程】 我首先把投诉件给年级主任，让他去找班主任谈谈，调查是否投诉人反映的问题。经过谈话和向学生调查，班主任不存在以上问题。

根据反映内容，班主任找到投诉的学生，确实在 5 月 13 日有一名女同学找到他，想调换座位，她现在坐在第二位，看不到黑板，想调到第一位。班主任告诉她，期中考试刚结束，班级马上要进行座位调整，14 日、

15 日学校就放假了，放假回来以后班内调整座位。她说："是她爸 14 日在网上进行的投诉，回家以后她去做她爸的思想工作，撤回投诉。" 15 日返校的晚自习，班主任对班级座位进行调整，因她身高不太高，视力不好，学习也非常好，把她由第二排调整到第一排。16 日，学生到校说，她爸把相关投诉都撤销了。

学校根据调查和处理结果答复教育局。可当教育局信访领导与家长沟通询问对学校处理结果是否满意时，家长态度非常恶劣，说教育局领导与三高中沆瀣一气，收受了三高中的贿赂并表示不会撤回投诉件。此时，教育局信访领导透漏，该家长在孩子读初中时就曾投诉初中班主任，有点无理取闹，他以前就曾接待过这位家长。年级主任透漏，该家长曾在年级群里推销东西被他清除出群。班主任也说班级群里的学生家长是她爷爷，孩子不让他爸进群。

经请示李欣校长，我们准备拿起法律武器保护老师的合法权益和学校的名誉。21 日，我把学校法律顾问和年级主任、班主任召集到一起开会，研究如何起诉投诉人。会后，学校和班主任分头准备证据，准备向北票市人民法院起诉，提出三个诉讼请求：立即停止侵害行为，向受害人赔礼道歉，要求精神赔偿 5 万元。

【反思】老师在工作中要行得正，做得端，不给家长投诉的机会。班主任老师无论在多么紧急的情况下，都要保持理智，不能有侵害学生权益的行为，不能违反师德师风建设要求，现在老师在家长面前是弱势群体，老师个人要保证自己的行为规范。与学生或家长有言语冲突时，当时宁可受点委屈、伤面子，也不要做出打骂的行为，不管出于什么原因，只要我们与家长动手了或对骂了，在道德上我们就输了，我们的家人需要我们工作来供养，我们伤不起。我们可以诉诸法律，这绝不是一句空话。曾经有些老师在课堂因管教学生而辱骂学生或打学生等，被家长找到学校或上告教育局，最后还要赔礼、赔钱。本来是出于教育学生的责任心，管教孩子，可是一旦遇到不理解的家长，或者自己没有掌握好尺度，经过不良媒体的宣传、丑化、发酵，老师一定是最受伤的。

对家长的无理要求、无理取闹要敢于说"不"，我们可以给学生机会，原谅他们年轻犯点小错误。但我们不能原谅家长的无理行为和他们恶意纠缠，有些家长知道学校和老师要形象、怕影响，以到教育局或纪委投诉威胁、胁迫老师，通过政治手段打击老师。我认为遇到此类情况，要敢于拿起法律武器保护自身权益，要敢于走上法庭讲道理、讲法律，敢于报警，无端的人身攻击和辱骂行为，都会受到法律的制裁。提出申诉是每个公民的权利，不要因为我是老师就不能走上法庭。《教师法》第四条规定“保障老师的合法权益”。

【补记】26 日，晚学生家长给班主任打电话进行沟通向老师道歉并撤回投诉。31 日，教育局反馈家长已经撤消投诉，向教育局工作人员道歉。学校开会决定对该家长不起诉保留意见。

（2021 年 6 月 5 日整理）

15. 患病学生的紧急处理

【案例内容】今天高一学生王某在上晚课前晕倒，周围有同学保护没有摔伤，学生报告值班领导后，值班领导立即赶到现场处理，初步确定不是心脏病等不能动的病情，首先把学生转移到宽阔的隔壁办公室，然后找几名身体素质好的学生在周围护理，其他同学继续上课。潘尚君主任立刻找到了家长电话号码，给家长打电话，询问是否上医院，家长说他们的亲友立刻就到学校，等他们到学校以后再处理。然后给班主任打电话，请她马上到校协助处理。班主任未到之前，潘尚君主任、刘春莲主任和三名学生均在旁边守候，王某状况有所好转，能够正常交谈。大约 10 分钟，班主任到校，20 分钟以后家长到校，用车接走患病学生。

同时，我了解到该生曾于前几日晚上在宿舍发生同样状况，宿舍老师报告值宿刘春莲主任，由于夜间情况判断不明，刘主任紧急拨打 120 急救电话，急救医生到校后在几名男同学的帮助下将其送到医院，刘主任到医院陪护。一直等到家长到达医院，刘主任和几名女同学才返回学校休息。

以上是非常典型的紧急处理在校患病学生的案例，是同一名学生，在不同地点、不同时段两次患病，有一定代表性。值班领导处理非常妥当。这两次发病均不在正常工作时间，第一次在延时服务期间，第二次在夜间休息时间。

【反思】通过这件事，我认为学校应该设置校医室、聘任专门驻校医生，至少在白天工作时间有人值守，可以在紧急情况下第一时间进行处理。王某发病时如果有校医，我们就可以先联系校医初诊。

对管理人员、班主任、科任老师进行简单必要的医学急救常识培训，熟悉急病处理流程。值班领导要 24 小时在岗，手机 24 小时开机，不准漏岗，不准找不到值班领导。

学生如果感到不舒服要第一时间报告老师，尤其是不要拖到晚上，晚上存在诸多不便，比如学校值班人员少、班主任不在校、与家长联系不通畅。如果需要家长到校或到医院，家长不能很快到现场处理，就会耽误医治学生。

学生家长不应对学校、班主任隐瞒学生疾病，尤其是心脏病、癫痫、低血糖、贫血、低血钾等急性病。因为有些家长知道孩子有病，在孩子发病时家长往往不太着急，与家长联系时有时也不让就医，但学校和班主任不了解情况非常着急。其实家长应该向老师说清楚学生情况，要求老师予以保密。否则，学校工作很被动，紧急情况下还是要拨打急救电话，规避风险。

班主任要向任课老师交待本班学生患特殊病的情况，任课老师在教育教学中要时刻留意，尤其是个别心理状态不稳定的同学，要避免刺激这类学生，师生共同防止意外发生。还要做好意外保险的宣传，争取大多数同学能够购买意外保险，避免发生意外学生的家庭受到二次伤害。

学生处于青少年阶段，身体相对健康，患重病几率不大，但我们不能大意，也要制定相应的应急预案和应急措施。

【补充】2021 年 9 月 25 日晚，学校一名高二学生在厕所晕倒，被安全信息员发现，立刻告诉宿舍潘主任。潘主任和值班领导把他扶到舍务办公室，并及时拨打120急救电话、通知家长，由班主任和几名学生一同送至市医院，后经市医院初步诊断为脑出血并转院到朝阳地区医院救治，凌晨医治无效身亡。后来家属到学校查看监控录像，证实了学校处置及时、得当，家属比较满意。家长在该生入学时与班主任沟通过，孩子有脑血管遗传病史，经常头痛，在10年前做过头部手术，班主任基本掌握该生身体状况，平时经常与家长交流汇报该生情况，为此事的处理做了较深入的前期工作。

（2021年10月9日整理）

16. 夏季来临防溺水

【案例内容】时至今日，中小学生溺亡依旧是校园安全的焦点、痛点："五一"期间，广西灵山，8名学生溺亡；5月15日，江西景德镇，3个孩子溺亡；5月22日，河北献县，5个孩子溺亡……这组数字凸显着防溺水教育的重要性。

中国疾控中心数据显示，溺水是造成中小学生意外死亡的第一杀手。每年青少年溺亡发生地，80%以上是在野外开放性水域。

我心里也深藏着一个血淋淋的教训，那是我最为难忘的一段教育经历。

2005年6月，在北票上园高中，我教一年七班、八班、九班的语文，担任七班班主任，七班教室与八班教室对门。当天下午第五节课是八班语文课，我发现有崔某、李某、赵某、刘某甲、刘某乙5名同学没来上课，不久传来消息有同学溺水，具体情况不清楚。下课以后，得知有学生在午休时间跳出围墙到学校南边的柳河里野浴，有两名同学当场溺水死亡。因为还有两节课要上，我没有去事发现场。后来参与打捞的闫保老师介绍，八班5名学生中午午休时间逃出宿舍去野浴，其中刘某乙因太胖太重无法翻越围墙，中途返回，刘某乙会游泳。刘某甲准备下水时，感觉有大便，去河旁边的庄稼地里方便，方便后返回准备下水，发现其他同学都不见了，喊人也没有回应，发觉不对，迅速跑回学校叫人。学校得到消息以后，领导立刻赶到现场，到场以后发现赵某在河岸边，崔某、李某失踪。赵某说只认为是一条大河，没有想到水有多深、河里有大坑，因为天太热，大家想凉快凉快。赵某说，他们三人都不会游泳，三人同时下水，自己下水刚走两步突然脚下没底，整个人划入水中，他拼命地划向远方，呛水昏过去了，头撞到岸边山崖石头上，惊醒，爬上岸，上岸以后没有看到其他人，老师就来了。最后经过闫保老师和附近的曹姓村民的合力，打捞上两名同学的尸体。据在附近锄地的村民介绍，这个地方是在山崖之下，山体阻挡了河水，使流水改变了方向，河沿距离山崖不到六米，平时流水直接流向山崖，造成山崖下基本被淘空，积水很深。学生下水时，前两天刚下完雨，坑比较深且边缘较陡，学生是飞奔着向河里去的，他们对该水域地形不熟悉，所以发生了惨剧。这是发生在身边的惨痛的教训。两个年轻的生命的陨落，两个家庭的灾难，希望能给大家带来警示。

【反思】现在又到盛夏，上级下发了防溺水的文件。我们按要求全面落实，有几点想强调一下，与大家共同学习。

一是全面贯彻教育部出台的青少年防溺水措施“六不准”“八避免”。

“六不准”即：

1. 不准私自下水游泳；
2. 不准擅自与他人结伴游泳；
3. 不准在无家长或老师带队的情况下游泳；
4. 不准到不熟悉的水域游泳；
5. 不准到无安全设施、无救护人员的水域游泳；
6. 不准不会水性的学生擅自下水施救。

“八避免”即：

1. 避免去近几年有人挖（采）沙的河道游泳；
2. 避免去水库主干渠游泳；
3. 避免在危险地段推拉玩闹、清洗衣物、打捞物品等；
4. 避免雨中、雨后在河道、湖塘、井池边行走，避免雨中单独过桥（渠道、堤坝等）；

5. 避免去不熟悉水域游泳；

6. 避免在恶劣气候条件下游泳，如正午暴晒期间、高温季节、天气多变时刻等；

7. 避免到深水区、冷水区游泳；

8. 避免到污染严重、水质差的水域游泳。在雷雨季节提倡家长送学生到校，接学生返家。

二是增强防溺水的意识。学校和家长要加强溺水警示教育，剖析溺水事故原因，警示青少年，提高防范意识，人的生命只有一次，一定要珍惜。做到“六不准”“八避免”，增强风险意识，远离危险。

三是增强自我保护意识。发现有人落水，不能盲目施救，要保证自己的安全，进行合理的营救，避免群体溺水事故。

四是学习科学的溺水救治知识。首先自保，然后施救，学会救治知识减少溺水死亡人数，挽救更多的生命。水火无情，人有情。溺水固然可怕，但是可防可避免。

五是远离危险的水域。俗话说“淹死的都是会水的”，警醒我们不能大意，不能逞能，区分环境和根据身体状况下水。

六是学校加强游泳教育。游泳不只是强身健体的体育项目，更是重要的应急自救技能，对人们来说，该技能不是“可有可无”，而是“应该有”。2017 年清华大学就出台了“不会游泳不能毕业”的新校规。学校要积极作为、应为尽为，普及中小学游泳教育。广东、海南沿海省份已经出台了相关方案，可能辽宁还存在很多困难，但我们要有意识让更多的学生学会游泳，这是“疏导”，比“防”的效果要好。

七是预防夏日溺水危险的第一步，就是一定要不厌其烦地告诉孩子，没有家长或成年人的陪伴，绝对不可以私自下水游泳，特别是野外开放性水域。愿世间安好，人人远离危险。

【补充】2021 年 9 月初，我家邻居的孩子，19 岁，在朝阳工校就读，午休时间与两名同学到大凌河边游玩，其中一名同学由护坡滑入河水里，他去营救，两人均溺水身亡。

（2021 年 10 月 9 日整理）

17. 保证校内用电安全

【案例内容】学校不允许学生在宿舍私接电源，7月8日，高一学生要在宿舍休息，准备迎接学业水平测试。生活处李国胜主任提前组织宿舍人员排查学生安全用电，经过排查，发现两个宿舍的学生存在从墙壁插座私接现象，对学生进行了批评教育。

【解决过程】宿舍每周都对住宿生进行安全排查，对宿舍墙壁插座、开关进行过检查，发现有学生在墙壁插座上接电源给台灯充电，后来学校后勤把墙壁插座的空开关闭，从根本上杜绝了此类事件，这项排查就有点放松。这次是因为把食堂工作人员调整到学生宿舍楼休息，他们为了给手机充电和使用电热毯，私自打开了空开，一个空开控制几个房间，其中就包括这两间学生宿舍。不知道学生什么时候发现了这个秘密，开始私接电源，埋下安全隐患。

经过协调，学校后勤把空开电源掐断，彻底消除了安全隐患。由此我发现学校的工作各个环节都有联系，每当有一处改变原始状态，就会产生一系列的细微变化，有时这种变化不产生巨大影响，可以忽略；有时这种变化产生影响较慢或较晚，不能忽略，容易被忽视。

学校曾发生过一次电风扇线路失火事件，其原因：一是班级电风扇长时间使用；二是楼内线路老化；三是用电器超负荷。

为此，学校要加强学生用电安全教育，提高安全意识，教育学生不要接触开放电源，不准自行处理用电故障，不准自行给电动车充电。后勤工作人员要加强检查，及时更新老化线路，加强临时施工用电管理，在电源处张贴警示标识。作为高中生已经掌握了基本的安全用电常识，但有些注意事项还要强调，更不能明知故犯。主要做到以下三点：

一是安全禁令要坚守。严禁在灯具、电风扇、智慧黑板、饮水机、配电箱等电器上悬挂覆盖易燃物品，以免发热后引起火灾。注意保持用电设备及周围的环境卫生，严禁堆放易燃物品。不能用湿布擦洗电器，防止意外事故发生。遇电器损坏和电路问题，不可随意触碰，必须立即报告老师，避免和防止电器设备问题而发生触电或断线伤人等事故。要爱护学校用电设施，不得故意损坏。

二是禁止随意用电行为。教室、实验室内严禁使用电磁炉、电饭锅、电热杯、电水壶、电火锅等电器。不得私自搬移电器的使用位置，或改变室内电器用途及电器线路，特别是正在运行的电器。教室内所有电源插座严禁为手机、电池等充电。楼道应急灯插座严禁用于其他用途，避免发生意外时应急灯不能正常使用。

三是人走灯灭，勤检查。办公室、教室、多媒体教室、实验室等用电必须做到人走灯灭，随手关灯、关饮水机、关电器，不开无人灯、太阳灯、长明灯及无人扇、空调等，控制长明灯，以免长时间过热引起火灾。双休日和节假日，各部门责任人必须切断各室电源，保证节假日不出意外事故。冬季教职工切不可长时间使用电热毯，不允许使用小太阳、电暖风等用电器。

除此之外，还要注意生产用电安全，比如食堂用电，食堂用电量较大且工作环境潮湿，安全用电非常重要，经常会发生烧电闸的现象，还发生过火灾、烧电缆、烧变压器的事情。工作人员在维修时也发生起火团的现象，个人感觉用电安全无小事。

（2021 年 7 月 9 日整理）

18. 七次校内火情

【案例内容】从参加工作到现在，我亲历了七次校园内火情，现在记录下来作为警示。

第一次火情发生在上园高中的超市。大约在 2004 年 12 月，当时学生如果没来得及吃饭就会到超市买袋方便面充饥，超市给学生提供泡面的热水。学校内有两家超市，他们之间竞争比较激烈，都会主动想一些办法吸引学生去消费。经常有学生把自己带的餐具提前放到超市，学生与老板约好吃方便面的时间，让老板提前把面泡好，下课直接去吃，可以节省吃饭时间。这次火情由超市为学生提供的泡面的热水引起，因为很多学生吃泡面，超市要烧大量的开水，所以每个超市都会准备十几个暖壶，自己拿电热棒烧水。这次超市老板外出去办事，原想马上就能回来，中间耽搁了时间，忘记了暖壶里还烧着水，最后水烧干，引燃了放暖壶的木板凳和电线，引起了火灾。经大家全力扑救，烧毁了部分顶棚和货物，超市的经济损失不大，可是学校的固定资产有一定损失，产生了较坏的影响。校领导约谈了超市老板并进行了罚款。

第二次火情发生在老师办公室。大约在 2009 年 6 月，每周一早晨学校组织全校升旗，全体老师都要参加升旗仪式，老师到校时间要比正常时间提前。英语组一名老师较早到校，等待的时候在办公室吸了一支烟，升旗时间到了他匆忙地把烟熄灭，关好门窗，去操场升旗，组内其他老师直接到操场参加升旗，无人再回办公室。升旗仪式大约 40 分钟，再回到办公室时发现屋内浓烟四起，原来未完全熄灭的烟头引燃了垃圾桶里的废纸，烧着了木制文件柜等。学校领导马上打电话报了火警，消防队员到校很快将明火扑灭，并没有造成损失。在随后的消防检查中，因为校舍一楼均有防盗网，存在安全隐患，消防大队给学校开出了巨额罚单。

第三次火情发生在前教学楼四楼班级储物仓房。大约在 2010 年 5 月，有学生为躲避管理人员的检查偷偷在仓房里吸烟，不知什么原因将未吸完的香烟扔在其他班级仓房里，而这个仓房里存放着大量未用的干拖布，烟头引燃了拖布的布、木柄和其他杂物。由于每个仓房都独立设置，这次只燃烧了一个仓房，只把四楼外墙面熏黑了，没有给学校造成更大的损失。

第四次火情发生在学校食堂。大约在 2016 年，由不明原因造成食堂操作间发生火情。分析原因有两种可能，一是烟机壁上附着的油垢太多，遇到高温和明火，发生火灾；二是食堂线路老化，用电器超负荷，电线着火。虽然火情很快扑灭，但是火灾还是烧毁了一些设备和线路，误了学生用餐时间。

第五次、第六次火情都发生在绿化带。每年春季花坛等绿化带都要“燎荒”，把去年的枯草过火、变成肥料，让今年的新草长得更茂盛。有经验的老员工在“燎荒”前，要把花坛里的树和树墙周边先浇上水，防止火大或者风大、风转向，把树烧着。这两次火情就是因为工人操作不规范，太过粗心大意，对风向、火势估计不足，教工过高地估计自己的能力，将大树、风景树或树墙引燃，造成一定损失，校外的社会人员向消防队报警。

第七次火情发生在班级。由于电线老化、超负荷使用电灯、风扇和饮水机等电器，引燃了电线，所幸发现及时，主动疏散上课学生，未造成任何损失。

基于以上事实，我发现校内火情主要由教职员工、学生等校内生活人员引起，大多数发生在公共部位，火灾均会造成一定财产损失和不良影响，火灾自救能力差，防火意识不强。

为此，我们要提高防火意识，加强防火教育宣传，提升落实“四个能力”的水平。消防安全“四个能力”指：

1. 检查消除火灾隐患能力：查用火用电，禁违章操作；查通道出口，禁堵塞封闭；查设施器材，禁损坏挪用；查重点部位，禁失控漏管。

2. 扑救初级火灾能力：发现火灾后，起火部位员工 1 分钟内形成第一灭火力量，火灾确认后，单位 3 分钟内形成第二灭火力量。

3. 组织疏散逃生能力：熟悉疏散通道，熟悉安全出口，掌握疏散程序，掌握逃生技能。

4. 消防宣传教育能力：有消防宣传人员，有消防宣传标识，有全员培训机制，掌握消防安全常识。

大多数火灾都是消防意识不强，思想麻痹大意，都认为没事，这么长时间都没事，这次也不会有事，结果发生火灾。另外，结合学校人员密集特点，加强食堂、宿舍、超市等公共场所检查，及时更换老旧设备、设施，消除火灾隐患。最近的一次严重火灾又为我们敲响了警钟。

2021 年 6 月 25 日凌晨 3 时许，河南商丘柘城县远襄镇北街一武术馆发生火灾，造成 18 人死亡、4 人重伤、12 人轻伤。

现在有些房屋建筑耐火等级低，电气线路老化等缘故；主观上则是由于部分业主的消防安全意识淡薄，违反消防管理规定及缺乏基本的消防安全常识而造成的。而这起火灾死亡这么多，猜测火灾发生在凌晨3时，大家都在熟睡当中，大部分是一氧化碳中毒窒息而亡。

纵观历次校园火灾事故，无一不是“人为”原因，可见，加强校园消防安全工作首先是提高管理人员的安全意识、安全责任。

(2021年7月11日整理)

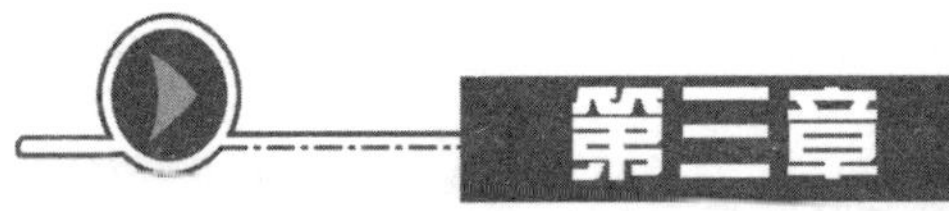

第三章 精细化的舍务管理

19. 学生管理的爱与罚

【案例内容】今天值班时，在舍务办公室与潘主任说了教育部办公厅在2021年1月15日下发《关于加强中小学生手机管理的通知》的函，总体要求“有限带入校园，禁止带入课堂”。在未接到加强手机管理的通知之前，我校已经加强了手机管理，要求住宿生可以带手机入校，但是必须上交班主任管理，放假日早晨发给学生，以方便住宿生回家过程中与家长联系或遇到突发事件与班主任联系。他向我聊起了前不久发生在宿舍的一件与手机有关的小故事。

临时工舍务赵老师与参与宿舍大值日学生关系非常融洽，大值日生与赵老师商量，他们五人的手机能否放在赵老师处保管，方便与家人联系。因为这几名同学平时值日非常负责，赵老师就同意代为保管，其实这是违反学校管理规定的做法，并随手把手机放在他平时存放自己日常用品的铁柜里。一般情况下赵老师上班时衣柜就不锁，下班就锁上。这样波澜不惊的日子过了一段时间，忽然有一天全校放假的早上，学生甲来取手机，发现自己的手机丢失了。赵老师问其他大值日生都说没看见。甲丝毫没有讲情面让赵老师原价赔偿手机，甲说手机是新买的，才使用不到两个月，原价2400元。赵老师感到为难，找到潘主任诉说委屈，“好心”没得到好报，让潘主任给想想解决办法。潘主任先把赵老师批评一通，然后找到甲，经过一番劝说以后，甲同意让赵老师赔偿2200元。赵老师自认倒霉，回家取来钱，就把钱给了甲，事情暂告一段落，这件事在住宿生里就传开了，大家认为赵老师有点冤枉。

时间过去了两三个月，有住宿生向赵老师反映大值日生乙有时拿一个手机偷着玩，手机很像甲丢失的那部。赵老师就在乙偷着玩手机的时候没收了手机，并询问手机在哪里买的、什么时候买的、与谁买的等情况。乙说是在初中毕业时买的手机，初中同学丙知情，并可以做证。潘主任把丙找来询问，丙与乙的回答内容一致。这时赵老师私下把甲也找来了，让他看看手机是他的吗？甲说是他的手机，因为手机底部有一个小坑，这个小坑是他不小心摔的。但乙、丙说法一致，一再强调手机就是乙购买的。甲对手机是否是自己的有些疑惑了，不敢确认手机就是自己的了，因为手机已经被“刷”机，手机里面内容都不是以前的内容，另外甲已经得到赔偿金又购买了新手机，现在的这部手机是不是自己的已经不重要，感觉已经与此事无关。

【解决办法】赵老师抓住这一线索，他把手机拿到卖手机的商店向工作人员咨询有什么办法确定手机身份信息。手机商店工作人员告诉他每个手机硬件里都有精确的身份信息，在出售时有三个一样的条形码，一个留在手机店、一个给消费者、一个贴在手机壳外面，工作人员在手机上输入一个PIN码就会显示手机信息，只要与消费者手中的条形码一对认，就能确认手机的机主。赵老师和潘主任拿自己的手机验证一下，完全可行。于是，赵老师私下里找来甲同学说：“你买手机时的包装盒还有吗？”“有。”“那你把它拿来。”赵老师让甲立刻回家取来包装盒。潘主任与赵老师把两个信息进行比对，验证的信息一致，证明此手机就是甲的手机。随后，潘主任与赵老师分别找乙、丙两名同学谈话，乙、丙两人仍然坚持不承认。潘主任、赵老师现场给乙验证并告诉他原理，在铁证面前乙承认了是自己“拿”的。乙交待了所有情况，写清了事件经过。潘主任到楼下找到丙，丙还坚持手机是乙的，直到潘主任拿出乙的情况说明，丙才承认错误。

潘主任找到乙家长，乙家长同意付2200元给赵老师，手机归乙所有。给乙留校察看处分，丙记大过处分，但不通报。

【反思】通过这件事，我认识到学生的身份有多重，他不仅仅是学生，也是负法律责任的社会公民。他们的行为，有些可以教育感化，有些不可以教育。对他们要做思想政治工作、教育训导，也要加强法制教育。乙学生的行为，已经超出校规校纪的范畴，事实上已构成了犯罪。丙学生的行为也构成了包庇罪。他们都触碰了法律的红线。

作为学校，给了他们改过的机会，给了他们做人的尊严。他们及家长也很珍惜、感谢，直到毕业没有犯类似的“错误”。

如果这件事没有处理好，赵老师将无辜受损失，乙、丙同学可能会在错误的道路上越走越远，毁掉两个家庭。甲的行为，也教育了赵老师，工作时要遵守劳动纪律，对学生也不能无原则、无底线。同时也让我体会到了学生管理要多问一个“为什么”每一个不合常理的环节，就有可能有一个秘密。

（2021年2月25日整理）

20. 丢书引起的投诉

【案例内容】今天上午李校长接待了高三学生胡某及家长，他们反映学生放在宿舍的书籍被宿舍老师卖掉。李校长热情接待后将此事交办给高三年级管理主任谭主任与生活处潘主任。

胡某在上学期因病请长假，请假以后高三年级进行了几次宿舍房间调整，他没有到校，委托同班同学给他收行李。同学在收行李时只收了行李，没有把胡某书籍一同保管。今天是新学期开学第一天，胡某准备考2021年春季单招，开学以后不来了，这次来校是准备把行李及书籍取走，据本人说书中夹有重要证件。胡某及家长到校后，从同学处只取到行李，没拿到书籍，就很生气，去找李校长投诉宿舍老师把他的书籍卖了。

【解决办法】潘主任接待了胡某及家长，与他们分析事情原委。首先，是班主任已经通知了他宿舍调整的事，他本人知道调整宿舍，要保管好个人物品。其次，他没有说清楚情况或受委托同学没有尽到责任，只收行李没有保存书本。他们同意了潘主任分析，并表示没有书也没关系不要了。

他还反映宿舍当时分给他的铁柜锁头坏了，造成他书籍的丢失。潘主任找到了当时分宿舍时物品清单，上面有他本人签字，证明了当时分到的物品完好。

下午宿舍老师上班，在仓库中把胡某书籍全部找到，他及家长非常感谢，表示误会了宿舍老师。由于宿舍管理细致到位，潘主任圆满解决了这次投诉。

【反思】日常管理中要仔细。学生的个人物品学校要妥善保管、谨慎处理。一般在高三毕业时，宿舍老师在清扫时会把毕业学生离校以后丢下的物品清理干净，书籍等物品卖掉，在此过程中甚至还发生过这样的事，大部分同学在高考结束离校时，要卖掉一些练习册，有几回收废品的人帮助学生找回扔掉的户口本或身份证等重要证件的情况。因此，为避免暂时无主学生物品丢失，潘主任采取了合理的措施，他将离舍学生物品统一归楼层老师管理，腾出一间教室，建立物品台账，保存期为三年，专人专管，从根本上杜绝了离舍学生物品的丢失现象。

在管理学生过程中，要有必要的文字证据，因为学生较多，时间稍长点容易忘事。学生备品的管理要加强，要保障学生正常使用，也要细化管理，不能混乱造成浪费，陷入无尽的维修。每次调整宿舍时，要让学生检查分到的备品是否完好，如果有损坏，学校负责维修好，物品完好就要签好字备查。实行宿舍老师承包楼层物品、学生承包个人物品的办法很好。

（2021 年 2 月 28 日整理）

21. 宿舍管理那些事

【案例内容】2021 年 3 月 12 日，在阶梯教室我组织了班主任工作论坛暨德育工作会议，会上生活处主任潘尚君代表生活处为与会人员做宿舍自主管理、精细管理经验汇报。不被重视的宿舍管理工作精彩地展示在管理人员面前，大家深受触动。距离会议结束时间已过两月，现在有时间得以重新翻看工作笔记，把潘主任在会上介绍的经验和做法略作整理。

学校有住宿生 1514 人，60 个四人间，330 个标准间，3 栋宿舍楼。

一、“人”自主管理模式

形成宿舍老师、楼长、舍长三级管理体系。重用楼长。所谓楼长，是协助宿舍老师管理的学生。我们采用高三学生管理高二学生、高二学生管理高一学生、高三学生自主管理的方式。每间宿舍 8 号床是舍长。另外，舍务老师相对年龄较大，晚上写字、做记录都不方便，舍长可以弥补宿舍管理老师不足的问题。形成了稳定的管理组织，一天一个舍务老师（2 个人轮换），2 个楼长。楼长由潘主任亲自选任，避免与舍务老师有个人感情，形成“欺下瞒上”的局面。

精心挑选大值日生。大值日生负责宿舍楼内公共部分的卫生清扫，3 栋宿舍楼、12 个楼层。坚持自荐自愿原则担任大值日生，学生自己提出申请愿意参与大值日，服从管理，经生活处主任批准，舍务老师使用、指导。

每月第一周周二的舍务例会，因为工作时间不同步，舍务老师不会在同一时间全部出勤，这样的时间安排不利于安排工作、统一思想。潘、李两位主任规定要在固定时间开会，全员参会，保证了会议的严肃性，方便了管理。因事不能出席会议进行减分处理。

二、“物”精细化模式

首先，个人物品要细化，责任要细化到具体人身上。比如每个舍的舍门锁和钥匙管理，细分为每个楼层有一个钥匙串，由两个舍务老师中的一个人管理，要保证每个舍门都有锁头，都能开，减少丢钥匙造成的损耗。公共区域物品由舍务老师保管，比如灭火器、走廊文化展板、应急灯等，出现问题由舍务老师负责赔偿。每名住宿生都有一个储物柜，都能锁，要保证在频繁的调舍过程中和漫长的三年里钥匙不丢、暗锁不坏。怎么才能做到呢？每名学生在入住宿舍以后领钥匙，先检查锁具是否完好，确认完好后，交保证金 30 元并签字，舍务老师建立档案，学生毕业或不再住宿退还押金。在每次调舍时，由潘主任和两名楼长进行检查，发现损坏或丢失，自行恢复原样。如再次调舍、再次履行上述手续，第一时间发现有问题的锁具立刻上报，及时处理。这样十几年来，宿舍只补充过一次锁具。即使 88 个四人间，每人 3 把抽屉钥匙，每舍 12 把钥匙，也不用补充。物品管理能做到如此精细，是需要下一番功夫。

其次，公共物品要坚持一个总原则“人动物不动”。生活处潘主任和李主任，制定宿舍物品管理制度和管理表格，一个宿舍所需的公共物品全部登记在册，垃圾桶、撮子、拖布、锁头、窗帘、橱柜等都标上宿舍房间号，在分舍以后第一时间由舍内同学共同检查备品是否完好，舍长在备品登记册上签字确认。比如玻璃是易碎物品，到舍后先检查玻璃是否完好等小问题记录好。

调整宿舍时，先检查备品是否完好，如果有物品不正常损坏，损坏人进行赔偿，如主体责任不能认定由宿舍同学共同赔偿。这样学校只对正常使用且到使用寿命的物品进行更换，每学期少量补充，甚至不用补充。打破了损坏了补充，补充了又损坏的恶性循环，解决了备品频繁补充、维修的问题，解决了“物”的困扰。以前个别高三毕业生受到过学校处分，到毕业也不理解，就会出现破坏舍务公物现象，现在基本杜绝了。我认为不是学生素质提高得多快，而是管理到位。大家也知道“报复行为”最后受损的是学生，不是学校，报复也没有意义。

三、“事”自愿参与模式

公共区域清扫和公共物品维修日常事务让学生自愿参与、自我加压、自我解决。公共区域清扫面积大、困难大。公共物品维修任务重、任务急。公共区域检查由宿舍老师负责。

宿舍内务检查由大值日生兼任，一个人负责几个舍，减少舍务老师工作量，及时纠正不规范事项。人在精不在多。比如倒垃圾一组 2 个人，他们可以多倒几次，但不会出现攀比。清扫水房 1 人，拖楼梯 1 人，楼长一个年级 1 人。

公共区域卫生划分成几个工段，区块小、标准清、任务明。难点是水房和厕所，全校宿舍楼共 12 个厕所、22 个水房，如果遇到停水更是存在较大安全隐患。还是在学生自愿的原则下，调动学生的积极性，达到窗明几净，细节就不过多描述了。总之，学生管理厕所卫生要比宿舍老师管理的要好，责任更加具体，比雇佣专人也要好，一般雇人有这样的情况，责任心强的工作人员工资较高，学校负担不起，责任心不强的工作人员工资低，卫生清扫不彻底。

尤其是在处理停电或停水的时候，学生志愿者任用更加重要，因为学生总也在学校，情况处理会更加及时。成立学生维修班，设立若干维修小组。比如玻璃维修小组、锁具维修小组、拖布维修小组、窗帘维修小组等。把学生力所能及的零星维修交给维修小组，维修及时，协调高效，培养了学生爱护公共财物的习惯，只有大型维修或高危险性的维修才上报后勤处理。

“救火是英雄，防火也是英雄。”充分发挥安全信息员作用。比如上报可能出现的打架、逃宿、替宿、吸烟、违规用电等迹象；上报维修信息、安全隐患；或者是出现了打架等现象协助调查。

我与潘主任、李主任探讨宿舍管理如何做到如此井井有条，他们说是被领导和学生“逼”出来的。我想还是他们想把工作做好，他们的心思在宿舍管理工作上。我也了解到他们对学生有时也十分温情，为学生在学习和生活中提供过很多帮助。比如住宿学生夜间生病时，他们每次都要派宿舍老师送学生上医院，垫药费、送检、等家长。白天学生有时会回舍取东西，他们每天都要安排老师值班、陪同。我建议班主任向宿舍人员学习物品管理、值日管理，把人、物、事分开管理，把学生的积极性调动起来，发挥好，监督好，将推动班级管理上一个新的台阶，达到一个新的高度。我发自内心地向老同志、管理前辈学习，为默默在平凡岗位上奉献的同事们点赞，向他们致以崇高的敬礼！

【反思】会后，我建议各位班主任有什么疑难多与各位领导沟通，他们都经验丰富、坦诚直率，都参与管理和值班，领导掌握的信息和情况比我们全面，我们班主任要多请教。事情不做不能有得、不常做不能有知。庖丁解牛、卖油翁的故事我们都听过、学过，无它唯手熟尔！每次值班我都愿意听潘主任给我讲过去的事，受益匪浅。德育管理工作哪里有那么多创新，前人都想过做过，我们就接着干，细点心、用些功夫。

（2021 年 5 月 11 日整理）

22. 最难忘的端午节

【案例内容】2005 年 8 月，北票市对高中布局进行调整，上园高中与第三高中学合并，领导、老师、学生全部完成乡进城，老师结束了城乡奔波之苦，学生享受了更好的学习生活条件。刚进城，学校学生宿舍不够住，新宿舍楼还未建成，租借了北煤宾馆职工宿舍当男学生宿舍，这样解决了住宿问题，但增加了管理难度，学生往返学校与宿舍需要 2 里路，学校安排干事、舍务老师学生护送往返，安排宿舍老师管理，由于两处办公管理很难。宿舍离学校远，管理有些鞭长莫及，舍务老师都是刚刚合到一起的新同事，工作需要磨合。职工宿舍改成学生宿舍，功能发生改变，很多设施不完善，硬件管理有漏洞。我班有个学生董某，头脑聪明，学习勤奋，在上园时是九班学生，我高一时交过他一段语文，合校后高二分文理科，分到我班，成绩挺好。后来，在高二下半年，我发现他成绩下降，上课总犯困。我找同学们了解情况，同学们说他与原班同学谈恋爱影响了学习，是原九班董某，我也教过。我找他们俩谈谈，劝他们不能早恋，现在已经影响了你们的成绩，还有一年就高三了，要抓紧时间学习，也告诉了女同学的班主任，起了点作用，听课、考试成绩有所回升，我就放松了，认为问题不大了。但是北煤宿舍的量化赋分总减分，直到端午节前一天，政教处潘主任找到我说："你班学生董某昨天晚上逃宿，上网吧包宿，学校要进行调查处理。"回班级后，我向同舍同学了解情况，董某已经有很长时间是这种情况了，他们的宿舍在三楼，紧邻围墙，等宿舍老师睡觉以后，一般是12点后，爬出宿舍窗户，沿窗沿紧贴楼面走到围墙，从围墙跳下去，到网吧上网，然后在凌晨4点前原路返回，上床睡觉，按要求出操上课。

【解决过程】学校开会研究，鉴于逃宿行为太危险给予开除学籍处分，因为他家没电话跟家长联系不上，怕出意外又不能由他自己回家，学校决定由我和潘主任一起把他送回家并向家长说明情况。当天正是端午节，天色阴沉，下着蒙蒙细雨，我们一行四人开着校车去章吉营，一路上与他聊天回忆我们一起相处的学习生活，他非常激动，悔恨不已，一直道歉辜负了老师父母的希望，等等，我心情相当沉重，内心非常清楚他以后的人生路将会从此改变。到他家时接近2点钟，他父亲刚从地里回来，上午去地里耪地，炕上放着一个大白钢盆，盆上放了一帘饺子，准备吃饭。他父亲对我们的到来感到有些意外，孩子向他介绍了我们的身份，我们向他说明了来家里的原因，鼓励他好好教育孩子，走好以后的路。他父亲很真诚地挽留我们吃饭说："大过节的让你们跑一趟，给学校添麻烦了。"我们婉言拒绝了，回学校继续上课。说心里话，心里很不舒服，有点儿愧对这么纯朴的家长，我们没能教育好孩子。聊天过程中，得知他父亲是上园高中老毕业生，在孩子身上寄托着自己的希望和大学梦，也有对上园高中的留恋，也说了农村孩子进城里念高中的诸多不适应。

【反思】对于这件事我个人认为学校有一点责任，学生住宿的地方没有安排好，存在管理漏洞和安全隐患，宿管老师管理学生的方式激进，学生对宿管老师有抵触情绪。宿舍管理是隐藏在背后的管理，不像其他管理工作时间在白天，教职员工都能看到管理成效。宿舍容易被忽略，容易被简单地认为是休息的地方，学生都睡觉了，什么事也没有，其实它比其他时段更难管。想违纪的学生盯着舍务老师，你只要休息他就有小动作，舍务老师不能只管理学生睡觉，还要给学生做思想工作，解决生活中的困难。在宿舍里学生比在班级更分散，更难发现问题。学生白天进行了一天的学习，精神上都比较紧张，身体也比较劳累，回到宿舍之后都想放松，难免要说说话、聊聊天，纪律管理难度增大了。另外，从事宿舍管理的老师，要么就是不能在教学一线从事教学工作的老师，要么就是学校招的临时工，工作能力和工作的责任心，与一线的老师相比有差距，学生往往把宿舍老师和学科老师或者班主任进行比较，他们从心里更轻视宿舍老师的管理。学生在班级的时候有班主任进行管理，一个学校往往有四五十个班主任，但是到了宿舍之后呢，也就有十个左右的宿舍老师分成两个小组从事管理，每一个宿舍老师都要管二三百人，人数上增加很多。宿舍管理不只是人的管理，还有物品的管理，还有卫生的管理。

总之，虽然宿舍管理有很多困难，但是我们也要以学生为中心，为学生提供更好的服务，更不能为学生的学习生活留下遗憾。

（2021 年 7 月 26 日整理）

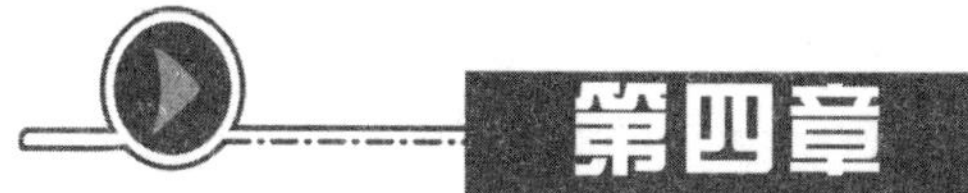

第四章 家校协同共育成长

23. 家校协同共促成长

【案例内容】 2020 年 6 月 3 日约晚上 10 点 30 分，一位学生家长到门卫找一位女班主任老师。门卫问他有什么事情，他不说，只说找班主任问问情况。值班几位领导不允许他进校。他说给班主任打电话，班主任不接，孩子现在在家闹情绪，情况紧急，务必见到班主任，向班主任了解在校情况。家长情绪激动，言辞激烈，言语中暗示学生在学校受到了班主任惩戒，学生感到委屈，家长不见到班主任不肯离开。最后，值班年级主任给班主任打电话，请她来门卫并了解事情原委。

事情发生在晚自习班主任的课上，直接原因是学生主动与周围同学说话，影响其他同学学习。老师打了该学生手掌，该学生在下边嘀嘀咕咕，好像在骂老师，老师听不见，临座的同学能听到，不同意该学生做法，纷纷指责他。该学生放学回到家与父母哭闹，说老师故意针对他，第二天不想上学，要跳楼，家长抓住学生不敢放手。间接原因是他是美术特长生，开学时老师让他给班级出黑板报，他没去；前一段时间班内调整座位，学生按成绩排名先后自行选择座位，他的座位由前排选到了后排。

【解决过程】 后来，年级主任让班主任回去休息，让学生母亲把孩子领到学校，给他解释座位调整是正常考试之后的调整，这次事情也不是故意针对他，课堂上发生的事情，老师当时也很生气。经过一番开导，学生和家长满意地离开了学校，时间已经到了凌晨 1 点。第二天该学生来上学，年级主任又把学生与班主任约到一起，互相把事情说开，之后到班级做了一些学生的思想工作，还把家长约到学校进行交流，事情圆满解决，家长和学生都对年级主任很感激。年级主任对该学生进行了长期观察，师生关系正常。

【反思】 通过这件事，我认识到在老师批评学生时尽量不要在全体同学面前，语言表达或处理方式稍有不恰当，会造成气氛尴尬、难堪或者僵局，更有甚者发生语言或肢体冲突，对处理问题、解决矛盾没有任何好处。老师与学生要及时沟通、及时化解问题，要及时与家长沟通交流情况，避免被动和误解。

家长不要片面相信学生，偏听偏信，激化矛盾，指责学校和老师也无益于解决问题，反而使矛盾升级。家长要经常与孩子进行有效交流，发现学生在学校出现的问题，掌握学生思想动态，自己能做的思想工作要态度诚恳地引导，不能做的要与班主任沟通。家长从小要给孩子立规矩、讲道理。

学校管理人员要敢于担当作为，不能干大事而惜身，要直面家长、直面问题，从第三角度妥善解决学生、家长、老师之间矛盾。做管理工作要作表率，要设身处地为家长、师生着想，要不卑不亢，抓住要害，解决主要矛盾。

（2020 年 6 月 3 日整理）

24. 家长要听听孩子的意见

【案例内容】 因 2021 年高考是高考综合改革第一年，参与全国第二批高考改革的八省教育厅决定在 1 月 23 日举行适应性考试。高三年级推迟放寒假时间，并且根据疫情情况要求参加适应性考试的学生不准离校，此时高三年级已经两个月没有放假休息，学生感到烦躁、疲惫。18 日上午，高三十三班张某向班主任郭老师请假回家，理由是不参加适应性考试，准备在新学期开学后参加辽宁省单独招生考试，学生请假理由充分。郭老师与学生父亲联系说明情况，张父不允许班主任给假，郭老师拒绝了张某的请假要求并告知详细情况。张某又找年级管理主任谭主任，谭主任与家长联系说明情况，他父亲还是不同意孩子回家。郭老师知道张某父母离异，就给孩子母亲打电话，让她劝劝张某父亲，但劝说无效。张母不是监护人，不能做主。张某与谭主任发生争吵，说自己心情烦躁、必须回家，可是家长不同意，谭主任也没有办法给假。

下午，谭主任告诉我，张某中午放学时趁门卫不注意拿一张空白假条，蒙混离校。张某上车后告诉郭老师他已离校，要回他奶奶家，郭老师嘱咐他到达后来电话报平安。郭老师给张父打电话告知以上情况，张父态度恶劣，而且还威胁说："在他不允许的情况下学生离校，学校要负责任并报警说孩子失踪"。警察与张某联系得知张某在他奶奶家，把调查结果告诉张父后，就不再理会张父。张父多次与谭主任交涉，而且对谭主任言辞很不文明，谭主任非常生气，在此期间张某也给郭老师打电话报了平安。

这时，学校李校长打电话过问此事，原来张父竟然投诉到市教育局安全办说孩子在学校走失，学校要负责任云云。我们向教育局如实汇报情况。

后来张某奶奶给郭老师、谭主任打电话表示歉意。张某父母离异后，一直是他奶奶照顾，由奶奶养育成长。张父下午到他奶奶家与张某发生激烈争吵，最终同意他不参加适应性考试并回家的想法。晚上，张某奶奶给我打电话，再次说明情况。

【解决办法】此事发生后，学校开会商议解决办法。张某私自离校，未履行正常请假手续，由家长到校履行请假手续并当面向谭主任说明情况。

第二天，张某奶奶到校请假并代表他儿子表达歉意，说："他儿子当时情绪激动，行为失当，对不起老师、领导"。

【反思】通过这件事，我认识到很重要的一点就是家长要听听孩子的意见。孩子一天天地长大了，有了自己的想法，作为家长要通过孩子问清楚实际情况，多与孩子沟通，如果还有不明白的地方就问问老师。家长与孩子应该是互相倾听、日标 致，不能把问题或矛盾推给学校。如果希望学校协助解决，也应有协助的态度，不是生冷硬。第二，学校要教育学生感恩，感恩长辈养育，感恩学校培育，学会与老师、领导、家长理智地沟通。第三，学校还要加强管理，尤其是学生离校手续管理，不能让学生蒙混过关。第四，学校要加强对离异家庭等特殊学生的关爱，加强与学生的父母（监护人）的沟通，加强家访活动，走进学生的家庭，了解他们的成长历程。

（2021 年 1 月 18 日整理）

25. 有些工作我们做不好

【案例内容】高一年级主任向我反映一名学生邱某的情况，他整天睡觉，一点不学习。年级主任和班主任多次找家长来协同解决，他父亲也没有任何办法。他父亲表示只要孩子在学校就可以，不到社会上乱跑就放心。担心他不在学校，就会给家里闯祸。他父亲是一名大货车司机，经常在外跑长途运输不回家，不能及时教育他。有时邱某没来上学，班主任给他父亲打电话，他父亲很多时候都不知道孩子没上学，原来邱某经常晚上不回家，第二天不能按时上学。他时常不来上学，但家长每次都向老师请假，如果没有请假就是他父亲也不知道去哪里了。家长已经没有办法管教他，只希望孩子在学校，无论孩子学习或者不学习都不重要。家长想给孩子请长假，“空挂学籍”，到高三时参加单独招生考试，学校不允许这种不符合学籍管理制度的情况，让邱某坚持上学。

【解决办法】后来，他们班的语文老师发生点意外，我给他班代课，与邱某有了更多的接触，对他有了更深的了解。邱某并没有太大的毛病，没有重大违纪，意识品质不坏。上课时经常睡觉，不睡觉时就在“书的围城”里玩，从来不翻书，找他谈话时对老师的态度也非常好，脸上带着笑容，谈话没有任何效果。比如，我说上课不能睡觉、要把书拿出来，说完还是老样子，没有一点变化。可能在我的课上不睡觉就已经很给面子了。

【反思】这类学生在我们学校有一部分，平时遵守纪律，服从管理，愿意劳动或者给老师帮忙，品德很好，就是不学习，上课就睡觉。我个人认为，可能是我们没有真正走进他们的内心世界，我们在做思想工作的时候，没有触碰到他们的心灵。

分析原因是家庭教育的缺位，家长在孩子的成长过程中失责或失职。时代在变、孩子在变、自身境遇在变，父母面对着新“考题”，过去大家庭居多，三世同堂或者四世同堂，一个家庭的家长无论在经济、生活还是思想上，都具有很高的地位，有很强的威严感。而当今社会以核心家庭居多，这样的小家庭不需要那么严格的秩序感，家庭氛围更为轻松。尤其是作为网络时代的原住民的年轻人，追求平等、独立思考的意识更加强烈。

经济社会结构越来越多元，家庭的养育目标和观念也变得多元化。比如，过去家长多以孩子考上好大学为第一追求，现在成长成才的路子很多，家长们的选择空间客观上也更大了。

在科技发展和全面放开二孩的时代背景下，一些家长对于新的交往工具、媒介功能、网络语言等，远没有孩子掌握运用得熟练。家长的权威、地位、知识受到挑战，家长要完成在单向灌输向多边交流的家庭教育模式转换中重塑自身角色。

另一方面，对于很多“80后”“90后”“双独”父母来说，工作和家庭左右为难的自我拉扯感和教育焦虑，造成了对家庭教育的心理负担。“双独”父母缺乏对兄弟姐妹之情的情感记忆和建立手足之爱的现实经验，因此，当自己还没长大时，很多父母只能“赶鸭子上架”，客观上增加了子女教育的难度。

【补记】2020年4月末，邱某带手机进教室，上课后没有主动上交手机。班主任找他谈话，让他上交手机，他情绪态度很不好，不把手机交给班主任。年级主任找他，他还是不上交手机，与家长联系，家长也没有办法。家长说回家做工作，以后不带手机进校园了。他母亲因管教不了孩子，一气之下回娘家了。第二天邱某请假没来，再来也没带手机。在以后与他父亲多次接触后发现，他父亲对学校的教育不满意，认为学校有义务教育好他家孩子，孩子可以不听他的话，但不能不听老师的管理，让老师替他管教。他的观点，我有些不能理解，家长放弃了对孩子的管教，反而要求学校把孩子管好，我们做不好。

我深有感触，一个孩子就是一个家庭的全部，这话可能有些偏激、不全面，在孩子的成长阶段千万不能弃管或托管，孩子的教育问题正在影响并将长久影响家庭的和谐。

（2021 年 3 月 27 日整理）

26. 孩子谁来管

【案例内容】2015 年 5 月 18 日，高二年级某飞同学因考试期间带烟和打火机，在考场上被老师发现，学校要进行处理。平日，某飞的表现已经有些问题，老师都做了教育、记录，这些问题累积起来，年级主任找家长谈谈，向家长介绍孩子在学校表现。他父亲到校以后，不太配合，有点孩子与他无关的意思，给年级主任弄得有点莫名其妙。

某飞回家后给班主任打电话说他父亲晚上喝酒了，他被家长撵出家门，第二天也没来上学。后来，他母亲来到学校，向班主任老师和主任说明情况。原来因某飞父亲经常喝酒，也因为喝酒父母离异，他母亲已经重新组建家庭。孩子监护人是他父亲，他父亲平时不太管孩子，一周给 200 元生活费，生活在爷爷家，其他基本上就不过问了。他父亲一直单身，最近又失业，心情不好，学校找家长，他心里就更生气了。后来他母亲把孩子找到领回学校。

某飞还曾在课堂顶撞数学老师，数学老师特别生气，经过学校多次协调，他母亲到校沟通，老师才原谅他。

【反思】离异家庭的学生给学校教育带来系列难题。一是原生家庭遭到破坏，学生身心发展、成长受到影响，有时遇事时处理方式太过偏激。二是父母给予的爱太多，爷爷、奶奶、姥姥、姥爷也心疼，最终把孩子惯坏了，用金钱来补偿缺失的爱，使爱的天平失衡。三是父母都不管，长辈都管不住。一旦学生在学校出现问题，老师不知道找谁。四是父母不负责任，孩子由长辈养育，通常班主任与老年家长的沟通不顺畅。

如果遇事需要家校沟通，一般正常情况下找法定的监护人，有时看谁对孩子更关心，家校沟通的效果就更好。平时班主任要掌握每名学生的家庭情况，在教育时也要注意方法，尤其是在一些特殊节日时要给予关爱。要把相关信息与科任老师共享，避免因不了解情况发生矛盾冲突，我相信如果数学老师知道某飞的情况就不会与他发生龃龉。另外，学校要经常组织家长会或通过微信沟通，及时向家长传达学校教育教学管理信息，全面向家长反映学生在学校的生活情况，利用家长会机会，多了解学生的家庭情况，有针对性实施教育。

通过这件事，我告诉班主任要经常与某飞的母亲联系并汇报某飞在学校情况。其实该生平时表现是非常积极的，曾经还是年级学生会成员，后来因为成绩在后三分之一被轮换。再次申请进入学生会，又因为成绩被拒。某飞还是很有上进心的学生，年级主任鼓励他在学习方面还要努力，他也很有信心，表示还要进学生会。如果家庭教育能与学校教育形成合力，他应该是一个不错的孩子。

（2021 年 5 月 26 日值班）

27. 小题大做“有文章”

【案例内容】2015 年 5 月 21 日，高一两名女同学在宿舍发生矛盾，两人先是争吵，继而动手打架，经同学劝说后和解。中午被打学生甲感觉委屈，告诉班主任。班主任找到年级主任和打人的学生乙的班主任。下午把双方家长找到学校，乙的家长非常配合，到校先说了自己孩子的过错并道歉，同意领甲同学到医院检查，一切进展都很顺利，老师、家长和同学都比较满意。双方到医院检查。

【解决过程】甲同学和家长到医院检查，甲同学的表姐和表姐夫到场，从专业的角度进行了多项检查。乙同学和班主任到医院看望甲同学。甲同学的表姐表达了多项不满意，为什么甲同学的班主任没来医院，乙同学班主任进行了解释，双方都很生气，乙同学家长看问题一时解决不了，对方的要求又不断增多，态度也不像以前，就与班主任都走了。甲同学的表姐和表姐夫也走了，甲同学家长有点埋怨她表姐，没多大点事，现在陷入了僵局。

7点乙同学班主任到医院看学生，她表姐又来了说报警并拨打了110。警察来到医院做了相关调查笔录，可能因为伤害性不大，警察建议自行调解处理。乙同学班主任向年级主任汇报事件进展，既然警察已经介入，就不属于学校能够调解的范围，问候了学生就离开了医院，大家不欢而散。

【反思】这次打架，站在学校的角度进行调解和通告非常正确。如果按在学校调解势态看，和平解决没有任何问题，事实清楚，该看病的看病，该拿钱的拿钱，双方都是住宿生，在同楼层居住，经常见面，以后还是好同学。可是如果双方不认同调解的结果，只能选择报警，警方一旦介入，校方就要撤出，充当配合的角色，等警方处理以后，再按校规校纪处理。

问题出在甲同学家属身上，得理不饶人，不怕事，过度的检查已经过分，还要挑事，若以后有类似事情，需要拿主意时，除家长外其他人不要参与。

再者，宿舍老师应在早上第一时间向主管领导汇报或向班主任通报学生打架事件，避免事态发展，避免矛盾升级，留下安全隐患，好在甲同学主动告诉老师，学校能及早进行处理，争取了主动。

还有，就是安全信息员没有发挥作用，没有将信息反馈给班主任，我们要以此为戒，加强安全信息员培训。

在2007年，我当班主任时，班级内两名男生因琐事打架，一人用桌腿把另一个同学前额打了，血流如注，同学们急忙把伤者送到医院，做了全面检查，幸好是皮外伤，缝了五针。事情发生后，我把双方家长约到医院解决，双方家长都认可解决方案，也是被打同学的大爷和叔伯哥不依不饶等。我采取了以退为进的办法，既然大家谈不到一起，那我就不再调解，首先，我上报学校，学生打架一定会受到学校处分。然后报警，估计按当时治安条例，一定要进行治安处罚，两个孩子都要留下出警记录，有可能影响孩子高考或者当兵。另外，这事必须由家长说怎么办，其他人的意见对解决问题没有意义，谁也代表不了家长。

最后，家长同意我的意见，双方协商解决，打人同学报销医疗费、赔偿3000元营养费，又请大家吃一顿饭赔礼道歉。后来，这两名同学关系一直很好，都感觉为一点小事出手很不值当。双方家长非常通情达理，事情很顺利地解决，没有留下任何隐患。

学生的事，一定是家校共同解决，双方要理解，要配合，要尽责。家校沟通、家校矛盾是学校管理者的必修课。

【补记】2021年6月7日南山派出所民警致电政教处焦主任，经派出所调解，乙方赔偿甲方医药费等5000元，甲方向班主任赔礼道歉。

(2021年6月1日整理)

28. 家长会可以这么开

家长会是家庭和学校沟通的主渠道，是学校与家长、老师和家长、家长和学生联系的纽带和桥梁，每一次家长会都应是家校教育思想交融的盛会。学校、班主任和科任老师应该给予充分重视。

一般情况下，学校会在5月、11月两个月份召开家长会，因为这个节点期中考试刚刚结束，可以向家长通报学生的考试成绩和半学期的表现，基本上每个学校11月份必开家长会，这个学期是新学期开学季，学校有必要向家长介绍学校的情况，比如发展目标、管理要求、成长期待、政策法规和需要家长配合的事项。也可以在期初或期末，必要时在重要节日也会召开家长会，比如感恩节、母亲节、五四青年节、18 岁成人礼、开学典礼等，还可以给部分学生家长临时召开，比如重点生、关注生、违纪学生。受疫情影响我校已经有三个学期没有召开家长会了，应该说在家校沟通方面遇到了障碍，影响了家校协同育人的效果，给学校管理带来困难。

召开家长会可以采取线上和线下两种方式，首先线下，因为“人怕见面吗”，见面交流传达的信息更丰富、更准确。如果受疫情影响不能线下召开，那么可采取线上方式召开。有全校集中、年级集中、班级集中、“一对多”交流、“一对一”交流等形式，个人认为先全校集中召开、班级集中召开和“一对一”三者相结合的方式最好。班级集中时可以是班主任主讲，也可以是交流式、答辩式、讨论式、汇报式、汇演式、讲座式等互动方式。

家长会主要由班主任主持，代表学校与家长交流，如果是毕业季或者感恩节等主题也可以由学生主持，班主任全程参与。一般程序先由学校领导介绍学校情况或者邀请教育专家讲座，然后班主任介绍到各班参会的科任老师、科任老师介绍学科教学情况、班主任围绕主题开会，优秀家长也可以介绍经验和做法，年级主任可以根据情况到班级参会。学校可以提前录制好微视频，宏观介绍学校发展情况、师资力量、师生精神面貌。班级也可以每名学生录一个小视频介绍在学校的学习生活，拉近家长与学校距离，起到热场作用。

家长会前学校和班主任要做好准备工作。一是成立家长委员会，与家长代表确定家长会主题。建立家长微信群，通知家长会时间、地点和安排设计流程，做好宣传工作，让家长做好准备，从而积极参与，保证家长出席率。二是班主任要充分了解学生和班级情况，有利于向家长进行详细的介绍，还要了解家长的需要，能够找准切入点，寻找与家长交流的共同话题，让家长感觉到参加家长会的必要，不是配合学校工作，走过场的会议会削弱家长会的作用。三是让学生准备致家长一封信、一杯水和座位牌，学生告知家长年级、班级、座位、班主任情况。学生做好这些工作，能够让家长体会到孩子长大了，体会到付出的辛劳有了收获，体会到学校的教育成果。尤其是一封信或小视频更能戳到家长心里，因为孩子以往不是以这种方式与家长进行交流沟通，这样一对一的交流更感人、更暖心。四是要求清扫好室内外卫生，布置好背景，安排好引导学生，准备好签到簿，让家长既要感到严肃，又要感到亲切，还要体现出学校的精细管理，感受学校强大的环境育人氛围。

个人认为召开家长会有几点注意事项。

一是家长会是交流会，不是“反思会”“批判会”。学校和班主任要把握好度，老师要全面地介绍学生个体情况，而不能表面、笼统地说明。介绍个体学习情况时也要辩证地、一分为二地分析，既要表扬优点，也要指出缺点，哪一方面都不能片面夸大，不能学习好的同学大肆表扬，学习不好的、纪律不好的一无是处。班主任和课任要精准反映学生在校情况，以发展的眼光看待学生成长过程中的问题，首先是让家长乐于接受问题，然后才是共同解决问题的过程。可能，我们召开家长会就是为部分人召开，但我们也要家长“有面子”，心悦诚服地接受，下次还能来参会，不能产生“害怕”参会的心理负担，而是乐乐呵呵地说事。

二是家长会是协同育人会，不是“育家长”会。老师是教育工作者，面对学生的成长问题有着丰富的经验、有着各种“高招”。但我们好为人师，在孩子的教育问题上每个家长也有自己的理解，即使有的家长文化素质不高并不代表他们的养育孩子的经验不足，况且现在的家长素质不是低而是太高了，对教育有深刻理解的不在少数，有些家长就是教育工作者，还有官员、学者和各行各业的精英，很有可能他们知道的东西我们根本不知道，家长会前我们要了解家长的职业、文化构成、年龄等基本信息，所谓“知己知彼，百战不殆”。我们要从心里尊重家长、热情接待家长、真诚地交流、耐心地解答疑问、平等地沟通，不能给人高高在上、高不可攀的感觉，那样不利于交流。不要灌输要倾听，要让家长说出问题，引导家长解决问题，不能包办或指手画脚。我们要提出教育的观点和建议，提供全面的信息，提高家长的育人水平和认识，绝不能让人产生“育家长”的错觉。与家长在人格上平等、在情感上接近，才能利于家校沟通，才能起到家长会最大的促进效应，才能达到协同育人的目标。

三是家长会是责任落实会不是推卸责任会。家庭是社会的基本细胞，是人生第一所学校。家庭教育是人生的第一课堂，父母是孩子的第一任老师，要重言传身教，帮孩子扣好人生的第一粒扣子，迈好人生第一个台阶。在学生教育问题上，父母责无旁贷，如果说老师是学生教育的合伙人，那么父母无疑是大股东，合伙人可以更换，创始人无论如何不会变更了。通过家长会引领家长认识家庭教育工作的重要性和迫切性，引领家长认识家庭教育工作的地位、主体责任、方向与方法。引领家长形成正确的成人观、成才观，管控家庭教育方向，遵循孩子的成长规律和需求，以科学的方法让孩子循序渐进地接受教育，并与学校、社会形成合力。

四是学校要重视家长会，认识开好家长会的“职责观”。《中小学德育指南》指出：学校主导、加强家庭教育指导，明确做好家庭教育引领不是学校额外负担，而是职责所在，是“家事”也是“国事”。积极成立家长委员会，及时召开家长会，全面落实创办家长学校，形成良性家校互动体系。

总之，家长会召开形式多样、主题丰富，学校要抓住这个协同育人的机会，搭建协同育人的舞台，让我们用心教书，用爱育人。

（2021 年 6 月 5 日整理）

29. 正在消失的家访活动

曾几何时，有一种家校共育的方法——家访，现在它正离我们远去，正在消失。前几天，我关注的陕西宜川教育集团党湾校区的公众号发布了他们学校的千人全员大家访活动信息，真是羡慕，引起了我对家访的兴趣。我在今年期初工作会上也提出了家访的要求，感觉班主任没有落实的兴趣，零星报出的疫情感染病例给我找到了拖延的理由和借口，我没有过问进展情况。党湾校区竟能做以校领导牵头、全员参与的家访活动。我反思自己，此事只提出了任务，没有安排具体落实措施，对家访活动没有充分地思考。

分析很少组织家访活动的原因。

一是无线通信设备的高度发达方便了班主任与家长的联系，双方无需见面就能沟通意见、交流信息、解决问题。

二是家访增加了班主任工作负担，本身教学工作非常繁重，白天晚上上课，休息时间还不能休息。家访时段基本都是休息时间，此时学生和家长才能都在家，占用了班主任休息时间。

三是有些班主任对家访工作认识不到位，即使学校安排家访，个别人只是应付了事，走形式，造成家长不愿意接待。

四是部分家长不支持班主任家访。现在家长工作都很忙，不希望班主任打扰私人生活，不方便接待老师家访，担心班主任赶上饭点十分尴尬。担心班主任来访是因为孩子在学校表现不好来“告状”。

五是部分学校留守学生多，父母大多不在家，长辈在家说不清问题，家访没有实在意义。

六是教育系统没有建立完善的保障制度，比如交通补助、工伤认定、加班补助等。2020 年国务院出台《深化新时代教育评价改革总体方案》，明确要求落实中小学老师家访制度，将家校联系情况纳入老师考核，指出老师家访在强化一线学生工作方面的重要作用。但基层教育并没有硬件要求、没有班主任家访培训和宣传，很多学校认识不高，落实困难。

家访是沟通家校的传统教育方式，现在的通信设备不能代替家访的现实意义。首先，电子设备的沟通不能全面反映学生的家庭状况和学生的成长环境，到实地去了解观察才能解读在学生身上的一些疑问。当面的交流更亲切、更真诚、更少伪装，能够直面问题，获得的信息更丰富、更多源。其次，电子设备的交流多是家长和班主任的交流，多是私下的交流，孩子容易产生误会，你们在合伙“算计我”。孩子不在场，教育的意义不能放大，家访可以让家校教育由“阴谋”变成“阳谋”。

按什么标准选择学生进行家访？如果能对全体学生进行家访最好，如果是对部分学生的家访，我认为可以是综合性的，也可以是主题性的。综合性的家访选择品学兼优或品学兼差的家访；主题性的家访选择内向的心理负担重的、家庭困难的、学习可上可下的、经常违纪的、伤病的、陪读的等，为更好地完成家访工作，我认为有几点需要注意。

一是班主任要事先通知家长、通知学生，不搞“突然袭击”，告知家长家访的时间、流程、人员，让家长做好准备。不要让家长感到为难，如果部分家长不方便班主任到访，我们就电话家访或另选他人。

二是班主任要事先做好准备，了解家访学生的家庭结构、地址、电话（多存几个），整理学生在校的情况，斟酌好与家长交流的内容。尤其到农村家访，要确定好家访路线，尽量不走冤枉路。提前了解当天天气情况，不要在恶劣天气出访，增加危险。检查好出行车辆安全状况、油量，手机要电量充足。准备好防控物资，做好疫情防控，保证老师的人身安全。

三是年级要对班主任进行分组，女性老师不能单独进行家访，最好是为同班的任课老师（当班主任的任课老师）一组，可以交流更多信息，也可以保存一些影像资料，在路上还可以互相照应。如果中层以上领导参与并作为带队老师是最完美的方案。

四是班主任不能频繁家访，至多在期初、期中和期末三次为宜，不能在吃饭时间家访。坚持落实师德师风要求，不能接受家长馈赠的礼品和家长的宴请，给家庭带来负担，给学校造成不良影响。

五是学校要关心家访老师的工作和安全，因为家访大多占用老师休息时间，还要发生交通费用，学校要酌情给予补助。只有温情的管理，才能有温润的教育，不能让老师只讲奉献、付出，这样才能让家访长期坚持下去，达到家访的效果。

附：2021 年 6 月 12 日家访心得体会

早上 7 点，李欣校长、我、张力副校长、陈守政、焦冠男两位主任和段晓慧老师踏上家访之路。

今天是学校组织的“家访寻源之旅”活动。学校组织高一、高二年级 32 名班主任和部分领导进行家访，班主任根据路线自由结组，每人家访 4 名同学，两个市内家庭、两个农村家庭。

我们家访的这名同学李某是孤儿，今天学校端午节放假，她随车同我们回家。一个小时后，我们到达了台吉营乡郎家窝铺，李某父母因意外事故去世，只有爷爷一个亲人。爷爷以前是十里八村有名的木匠，身体还比较健康。爷爷对孙女的学习比较关心，送孙女到城里读初中，家中菜园打理得井井有条。班主任向爷爷介绍了李某的学习情况，李校长介绍了学校的帮扶措施和对李某的关怀并鼓励李某努力学习，追求自己的目标。

在返程路上，遇见了高一年级谭某，我们一行到谭某家中。谭某4岁时父母离异，父亲长年在外务工，现与爷爷、奶奶一起生活。奶奶知道孙子今天放假，老早就在剁饺子馅，一家人生活得非常温馨。爷爷一直重视对孙子的教育，寄予了很多期望，谈到了初三的班主任给孩子报志愿的往事，班主任直接给孩子报了技校，孩子回家向爷爷说了志愿的事，爷爷找到班主任说“怎么也得让孩子试一试，先报三高中，再报技校呀”“三高中考不上再去念技校”“结果孩子中考成绩410多分，超三高中录取分数线70多分”，言语中觉得孙子学习成绩还可以，自己的坚持还比较正确，说话时可以看到老人的自豪。返回到县城，我们还去了陈鹏宇家里，陈鹏宇的情况前面我介绍过，在这里不赘述。

第一，通过家访，我认为李校长说的一句话很对，“不同的出身，造就不同的经历；不同的经历，带来不同的感受；不同的感受，形成不同的见识；不同的见识，指导不同的行动。”每一名学生都有与众不同的人生经历，都有不同的人生感受，都会找到自己的幸福，我们要尊重他们的人生际遇。每一名学生的背后都是一个家庭，即使考上三高中，也不仅是学生自己的力量，而且是一个家庭在共同奋斗，让我更深刻地理解了家庭的重要性、教育的社会性。

第二，现在三高中学生的父母部分离异，再进行感恩教育时我们的视角要开阔些，如果一个学生从小就没有体会父爱或母爱，让他们感恩父母那就是片面的、不科学的、脱离实际的。我们应该教育感恩养育他们的爷爷、奶奶、姥姥、姥爷，感恩在他们成长道路上给予莫大帮助的人，感恩时代、祖国、党的培养，然后理解、谅解离他们而去的父母，要学会与父母和解，与自己和解，悦纳自己。

第三，学生在上下学路上要注意交通安全。通过家访了解现在学生往返学校基本拼车，司机一般不送到家，只送到乡镇，在第二段路程中由家里接，班主任要提醒学生和家长遵守交通法规、注意交通安全。还有部分学生在外逗留，不及时回家，存在安全隐患。

总之，家访这项家校沟通的教育方式通过我们的共同努力在三高中重新焕发了生机，为我们做好德育工作注入了源头活水，增强了我们做好教育的信心和底气。6 月 18 日召开了全校家访总结会，在会上每名班主任都介绍了家访的情况和心得，我们要总结经验和不足把家访活动当成固定的教育手段，坚持走进学生的家庭，坚持家校协同育人的理念。

（2021 年 6 月 5 日整理）

30. 暴力“养育”的后果

【案例内容】最近高一年级某班甲同学因心理问题由家长领回治疗。该生第一次与女同学吵闹，因为临坐女生身上有香味而感到不适。第二次他与人发生争吵，因后面同学把脚放在桌子上。第三次又因他感到女同学说话声音大，在班内吵闹，要自杀、要杀人、要跳楼，大喊大叫。

【解决过程】多次与同学发生矛盾后，年级主任请家长到校了解相关情况。原来，该生初中时遇到过一位班主任，曾打骂过他，形成了过激反应，只要别人一抬手，他就往后躲，看人时眼睛发直。初三时该生想退学，他妈拿菜刀相“逼”，你要退学我就自杀并对他打骂。家长到校后说，孩子愿意上学，不能直接领回去，怕孩子受刺激，出现过激反应。家人看看能不能晚上回家以后，由家长做通思想工作，第二天不来上学。学校也认为这样比较稳妥，就答应了他父母的要求。

可是第二天甲同学继续到校上学，班主任又找家长来签订知情书。学校劝说家长明天别来了，先领孩子去医院看看吧，孩子身体健康更重要。

【反思】初中老师和家长不正确的教育方式，甚至是违法违规的养育方式，给这名学生造成了心理和行为的异常，真是不应该发生，为“大人”敲响了警钟。2021 年 6 月 1 日晚在校门对面，家长（母亲、姐姐、姐夫）把一名高一学生打了，原因是该生从家里“偷钱”，瞒着家长买了一部手机，当时接送孩子的家长很多，造成群众围观，影响非常不好。家长没有考虑孩子的自尊心，大庭广众之下，十八九岁的小伙子被姐夫当众打嘴巴子，周围不明情况的路人议论纷纷，在场的有老师，还有同学，该生内心受到的打击可想而知。在大家劝说下，“一家人”回家了。这名学生正好在我教的班级里，他第二天没有来上学，第三天在课堂上我发现他脸上有两道疤痕，课桌上放着一瓶脑复康，在课堂上只趴桌子睡觉、不说话。我没有问他为什么。

或许一次、两次没有事，但谁都不能保证下一次没事。有可能手重把孩子打坏了，有可能伤到孩子心把孩子打跑了，有可能瞬间产生心理危机，把孩子逼到绝路，发生极端事件。

家长一定要注意教育方式，不能心情好的时候什么都行，心情差的时候什么都不行；老师更要注意教育分寸，无论什么情况都不能使用暴力：因为可能产生任何人都不能承受的后果。

（2021 年 6 月 10 日整理）

第五章

开展丰富的社团活动

31. 经历的社团活动

我负责团委工作时，正赶上学校管理体制改革，由原来“条条”式的垂直管理方式改进为“块块”式的扁平化管理方式。2009年以前学校的活动均由政教处负责，政教处的管理干事组织班主任开展班级活动，团委只是协助配合，以团委为主的活动也大多有政教处的支持，团委工作相对轻松。改革后，团委原有的开展工作方式不适合新的年级部管理体制了。政教处不再直接管理所有班级、管理全体班主任，年级部负责开展本年级各项教育教学活动，这样改革后弱化了全校性的活动，强化了年级组织的活动，好处是分年级组织的活动各具特色、针对性更强，政教处、教务处等部门工作相对边缘化，工作积极性、主动性变弱，远离了一线教育教学，团委需要改变以前完全依赖政教处的工作方式方法，我又是刚刚负责团委工作，需要积极地、开创性地开展工作，担起全校性的综合活动。

为了解决“两头不着地”（上不隶属德育管理系列，团委归党务系列管理；下不接管理学生，年级负责学生管理）的尴尬境地，我组建了各种社团，以升旗仪仗队、文学社、广播站、DV社团“四驾马车”为主，组建归自己管理的学生和社团组织，拉起了自己的队伍，夯实了团委推进工作的基础，摆脱了依靠政教处、年级才能开展工作的尴尬局面。

结合实际，我定下了“以小活动为主、以全体活动为上、以和为辅”的组织活动原则，“以小活动为主”是要尽量组织小型活动，避免与年级活动或教学发生碰撞；“以全体活动为上”是要尽量组织全校性活动，不组织只针对某一年级的活动，发挥团委能够组织全校活动的优势；“以和为辅”是指年级开展的大型活动需要团委的配合、支持或挂名，要有大局意识，全力配合年级开展活动。

常规活动方面，组织升旗仪式、广播站播音、征文、摄影展，清明节祭扫烈士陵园或参观台吉日伪时期死难矿工纪念馆，五四入团宣誓仪式暨优秀团员表彰，九·一八活动、一二·九征文、五五普法和组织课前一首歌等。

配合活动方面，配合成人仪式、迎新生晚会、唱红歌篝火晚会、远足励志行、迎新年包饺子跨年活动等。

创新活动方面，组织对联展、堆雪人比赛、迎新年祈福励志活动、筑巢引凤活动、学生模拟法庭和创建“袁隆平”英雄团支部。

当时，我刚刚负责团委的工作热血沸腾，激情澎湃，身上有使不完的劲，每天在办公室我身边总围着一群学生，一起探讨研究相关工作，我们每天都有新的想法，并且想把每一个想法都实现。除了完成团市委和教育局的活动，我结合学生实际自主组织了很多活动，每天都很充实。我从2009 年 8 月起负责团委工作到 2011 年 2 月截止，在一年半的时间里，我规范、恢复、创新了一些活动，有些心得体会。一是工作是在做中不断完善的，没有一件事，在想做之前就把所有的事情想好，需要在做中不断改进，要善于倾听、积极主动；二是工作中遇到好领导很重要，领导能给你改错的机会，能给你精确的指导，能放手让你去做，领导的支持和信任可以战胜任何困难；三是工作中内心要强大，坚持自己的理想信念，按正确的方向做事，做好自己，相信领导和同志们能看到、听到、知道。也有些教训。一是只顾自己干工作忽略了别人的感受，大家都在工作，要多配合别人的工作，也要让别人配合自己的工作，工作需要配合、团结、合作，万事不求人是不对的。二是只会请示工作，不会汇报工作。在工作中，很多时候向领导请示工作，问事该怎么做，不会问事情我这么做行不行，有时还越级请示工作。我真的是职场上的幸运儿，遇到的主管领导、主要领导心胸开阔、见过世面，对事不对人，任何人没有与我计较，给我成长历练的机会。事过境迁，反省自己，内心深感愧疚，深感自己的不成熟，深深感谢理解我帮助我的各位领导、同事。

在校团委，我力争把“规定动作”规范化、程序化、高效化，比如升旗、广播、剪报等活动经过一段时间的调整优化，我就基本不参与，放手交给学生组织。比如每年高一新生和高三毕业生的团关系转接，涉及学生多、面广、时间紧，我分别做了流程图，在高一新生发放录取通知书时就把流程图发给初中学校，部分初中团委书记可以直接把录取学生团关系按高中要求封存好，交给一名返校学生带来。也可以使他们在初中老师没放假时，能把团关系拿到自己手中，高一开学时直接上交给团委，避免出现高中开学以后学生需要请假（因为高中放假休息时初中放假休息）回初中办理团关系转籍事宜；高三毕业生转走团关系，我也是制订流程图，在3月份我着手把流程图发给每一名同学一份，按着规定要求封存档案、填写团证等，保证每名学生在高考前把封存好的团关系拿到手里，大学开学后直接上交学校。

在做“自选动作”时，我更加注重灵活性、创新性，以及学生的参与感、获得感。这些事是自己没事找“事”，不是必须做，却是学生愿意做的有趣的事。比如“堆雪人”比赛，学生在除雪时，往往不愿意把积雪铲到很远的草地或树墙里，习惯就近堆堆儿。我临时决定，开展堆雪人比赛，下发方案，要求把雪人堆到草地里，树墙里，在量化考核里加分，增加了学生劳动乐趣，完成了劳动任务。比如新年时，我让学生制作祝福的贺卡、新年打算的贺卡，然后安排团委的学生把这些小贺卡挂在学校花园里的树上，各种颜色的卡片随风摆动，给冬季里的校园带来了生机，学生下课就到花园的树上找自己的贺卡，非常有趣。过新年时，下发迎新年方案，组织学生演出、包饺子、学生聚餐。那两届的学生有非常多的集体活动，可能他们会忘记了课堂上学到的知识，但不会忘记这些活动，这是活动育人的一个缩影。

在配合年级活动时，我收获非常多，体会到人多力量大、集体智慧深的优势，年级人手多，心气高，开展的活动有新意，有气势，影响大。我深受启发，获得了间接经历，非常难得，体会到了组织大型活动的困难。比如高二年级成人仪式，这在北票市以前也没有过，参加的教育局领导和学生家长深受感动，教育效果非常好，使学生受到了亲情的教育，现场的人都感受到了教育的伟大神奇力量，到会的家长被感动得流下眼泪，在社会上影响很大，从此北票教育系统就多了一项育人活动“十八岁成人仪式”。团市委在2019年纪念“五四”运动一百周年时，依托我校的成人仪式组织了大型纪念活动。比如远足励志项目，也已成为我校的保留活动，学校每年都组织学生到燕湖园或者湿地公园举办誓师、励志活动。比如迎新生晚会，利用高三老师在高考结束的间隙，由音乐老师把他们组织起来编排节目，既锻炼了队伍，又丰富了高一新生的军训生活，奉献了一场精彩的精神盛宴。比如唱红歌篝火晚会，师生围绕在熊熊燃烧的篝火旁边，唱起歌，跳起舞，朗诵诗歌，大合唱，这个场景使我久久不能忘怀，时刻浮现在我的眼前，市人武部、市教育局艺体股的助力，市电视台、市报社的宣传更使活动锦上添花。

组织活动有些细节需要注意。活动注意安全，出现安全事故活动效果全没，不如不组织，多留意参与者、组织者、财务审计的安全；要追求效益最大化，每次活动都要花费很多时间，牵扯很多精力，要么不组织，要么就追求最好最完美，周密安排好每个环节，邀请电视台记者、邀请上级领导，等等，做好全面的宣传；活动要闭环管理，前期有计划，实施有方案，最后有总结、有宣传稿，过程中留影像资料，可以一活动多用、多报；活动结束以后可以进行多种方式的总结反思。

教育本身就是社会活动，通过活动教育学生，通过活动联合教工，通过活动扩大学校影响，我们要把活动做成课程。组织活动就要组织让师生终生难忘、终身受益的活动，若干年后学生也许忘记了课堂传授的知识，但不能让他们忘记参加的活动。

（2021 年 7 月 25 日整理）

32. “四驾马车”之升旗仪仗队

因为疫情的原因，学校周初升旗仪式已经暂停了半学期，望着三个旗杆和一面飘扬的红旗，回想过去主持升旗仪式的日子不胜感慨。

记得艾光老师跟我说过，学校最重要的活动之一是每周的升旗仪式，你要重视做好每一次升旗仪式，升旗时要肃立，奏唱国歌，按《国旗法》要每天升旗、降旗。这时我知道了很多人都在关注升旗，知道了升国旗时要唱国歌。

按着学校的传统升旗仪式由政教处和团委共同组织，我初次面对3000多名师生时，心里非常紧张，政教处李国明主任手把手教我如何主持，鼓励我要冷静沉着，他笑称他是团委书记培训员，我是第四个与他一起组织升旗仪式的团委书记。从相片上，我们可以看到站在主席台右侧的长者就是李主任，无论寒暑他每次都准时站在主席台，组织好学生站队，然后由我主持升旗仪式，他总结安排学生一周工作，我们“一老一小”在一起搭档三年。新迁校址之后，我们爷俩（他儿子李东比我小一岁）又在一个办公室办公，那是愉快的三年，也是我成长的三年，听他给我讲教育系统以前的人和事，受益终身。

我负责升旗仪式的那段时光正值学校管理变革、思想碰撞、跨越发展的时候，那是一段激情燃烧的岁月，也是一段打破旧秩序建立新秩序的阶段。首先组建升旗仪仗队，李秀福校长托人从北京购买了40套团中央雏鹰中队样式的服装。我在高一年级挑选了36名同学，由1名领队、1名升旗手、2名护旗手，16名男同学、16名女同学组成升旗仪仗队，经过体育老师训练后执行升旗任务。在当时的北票市学校中，我校的升旗仪仗队是第一支升旗仪仗队，以后各校相继组建了队伍，每次学校有人参观或重大活动都要进行表演，两次承担市运动会升旗任务。

升旗仪式里的国旗下讲话也经历了几次变化，讲话人先是学生，后是教研组长，再后来是班主任、领导。在李校长的指导下，我分年度装订了《国旗下讲话》，看到装订到一起厚厚的一摞摞的讲话稿时，我感到特别有成就感，这也成了一笔宝贵的财富。

升旗仪式里的程序也做了几次改动，先是加上了升旗仪仗队升旗手、领队、护旗手的介绍，班长到主席台领流动红旗，后来加上由我领誓言的老师宣誓和学生宣誓等环节。两份誓词由我、赵志中老师和李秀福校长共同撰写，体现了当时学校办学思想和师生的精神风貌。

2021 年去陕西宜川中学参观，观摩了他们的升旗仪式，他们把升旗仪式做成了爱国主义教育主题活动，每周有一个主题演讲，或是老师，或是学生，或是各部门主任。那次进行的主题是距离高考50天打气会，由两名高三主任和一名高三老师组成“演讲最牛三剑客”，他们进行了精彩的演讲，给我留下了深刻印象。

升旗仪式既然是仪式就要有仪式感，要庄严、肃穆、让学生积极参加升旗仪式，热爱祖国，让国旗高高飘扬在校园里、飘扬在学生心中。升旗仪式不仅要有仪式，还要有内容，把升旗仪式建成德育课堂，通过国旗下演讲加强理想信念教育，强化爱国主义教育，重视科技创新教育，培养学生的核心素养，做一个有理想、有本领、有担当的时代新人。从微观领域看，可以加强学生管理，及时总结和安排学校一周的工作，提高学生责任意识、纪律意识。

（2021 年 7 月 13 日整理）

33. “四驾马车”之校园之声广播站

我负责团委工作之后，很快发现工作太多太杂，尤其是学校自己组织的活动特别多，在学校进行了年级改革以后，团委负责了一部分综合性的活动。团委又没有干事，所有事情都需要我亲力亲为，我想这样干不是办法，不利于开展工作，团委要有“腿”，所以我开始筹划搭建学校团委班子，成立老师团支部，发展学生团干部，组建学生社团。这样一番设计，我就不是“光竿司令”了，有能说的，有能写的，有熟悉电脑的，而且学生团干部比团委专职或兼职干事积极性高，腿勤，手快，头脑聪明。

首先，我成立升旗仪仗队，树立团委在师生中的外在形象，接下来，抓软件建设，打造别具特色的校园文化，成立“校园之声广播站”。给广播站起名时，面向全体学生和团干部征求建议，大家给起的名字很时尚，最后，我认为名字需要体现校园文化、学生生活特点，所以定了这个有点“土得掉渣”的名字。

以前学校没有广播站，在电教处陶爱强老师的帮助下，在二楼的办公室与在三楼的电教处设立了广播站，我们自己录制了校园之声广播站的开播词和周一到周五的片头，2009 年 9 月 29 日开播。在整理这篇文章时，我找到当时 4 分 42 秒的开播词，又静静地听了一遍又一遍，听到熟悉的声音，我眼前闪过一张张年轻的脸庞，不知不觉，我的眼睛湿润了，当时未觉正当时，回忆过往已不惑。如果没有这段录音，这些学生我确实是想不起来了，他们大部分是我当时教的那两个班级的学生，还有其他语文老师推荐的，现在都失去了联系。（开播词：王靖昆：献上一份爱心，抚平你昨日的忧伤。李莹：撒下一片阳光，温暖你今天的梦想。贾蕾：留住一缕清凉，播撒出明天的希望。王鹏越：送上几句祝福，搭建沟通心灵的桥梁。陈鹏：付出满怀的真诚，打造一个爱的世界。合：亲爱的老师们、同学们，大家晚上好！李莹：今天在学校党委的领导下，在校团委师生的共同努力下，在广大师生的大力支持下，“三高中校园之声广播站”今天正式开播了。同学们，当太阳的光辉映在你充满朝气的脸上；当课间的你漫步在校园或坐在教室中小憩的时候，你都将听到悠扬的音乐和主持人欢快而亲切的问候声。这便是我们“三高中校园之声广播站”为您献上的最温馨的祝福。下面是主持人对自己栏目播出时间、播出内容的介绍略。）

安排广播站的播音时间受到电铃的限制，因为与电铃是一套播音系统，不能与打铃时间冲突，否则会影响正常教学秩序，所以播音时间选在了早晨上课前和晚上下课以后。早上每天播放朝日新闻，晚上设置不同栏目播放不同内容。刚开始的两周，我每天跟着，指导他们播音，熟悉电脑、播音设备。后来，我就放手让学生独立去播音了，效果非常好，学生也非常认真，他们克服很多困难坚持播音，每次有播音任务时都吃不上晚饭。

令我没想到的是广播站成立后，很多学生来找我，要做播音员，后来又增加了栏目，增加了几名播音员。其中的每周末的《为您点歌》栏目最火，每周我办公室门口的信箱都塞满了点歌的条子，学生也非常期待自己给同学或老师点的歌能尽快播放。其中的《失物招领》和《失物启事》栏目特别实用，学生丢饭卡捡饭卡的、丢校服的、身份证的都到我这登记，基本都能找到。后来的征文栏目也特别受欢迎，很多学生把写的文章投到信箱，我们进行筛选后播出，这促进了我们校团委另一驾马车“熱园文学社”的诞生。

很遗憾没能保存当时播音时的影像资料并展示给大家，只保存了一段开播词和每个栏目的背景音乐，可能冥冥之中注定播音员是一个只闻其声，不见其人的职业。

后来，我还是从DV社团中找到一张广播站的“全家福”，还得说要多干活，这是我当时的另外一个学生社团DV社团学生照的相片。这张相片也使我回想起来了那时的场景，四处冒风的办公室、简陋的播音设备，使我又从一张张年轻充满朝气稚嫩的脸上获得了青春的力量。在这里，还是想再次感谢这些孩子，他们实现了我的工作梦想。

附：科学发展观系列活动六

“校园之声”广播站管理规范

一、前言

北票市第三高级中学《校园之声》广播站，成立于2009年10月，是在学校团委领导下与学生会、国旗班并列为学校的三大学生组织“校园之声”广播站是一个有声的宣传阵地，一群洋溢着青春气息的热情活泼的“喇叭们”组成了一个团结向上、富有朝气的集体。发展至今，已逐步壮大健全，并取得了一定的成绩，得到学校领导的认可。

“校园之声”广播站作为联系学校和学生的纽带，始终坚持敏锐、创新、严谨、活泼的精神，以弘扬东方文化，建设文化校园为自己职责，服务校园文化，服务同学，团结奋进，注重创新，不断完善进步，用满腔热情去打造内容丰富、形式多样的精彩节目。

现今，广播站由8人组成播音组，并成立了《智慧闪光》《美文欣赏》《高考满文作文赏析》《诗海泛波》《新闻之窗》《歌声飞扬》六个各具特色的栏目组。每天晚上5：30—5：45，为同学们送出个栏目为大家精心准备的节目。

“校园之声”广播站，用声音一起同年轮旋转，花开花落中一步一步由幼稚走向成熟和完善。每个栏目组每天节目的策划、采集、编辑、整理、宣传、播出的任务，各栏目组成员明确分工，把握“分工不分家”的原则积极配合，顺利工作。7位成员在站长陈鹏的领导下，各司其职，相互配合，紧密团结，构建成一个和谐、温馨的团体，随着广播站的发展壮大，使之更好地为广大同学服务！

“校园之声”广播站承担着全面宣传党政方针，正确引导校园舆论导向，丰富学生课余文化生活，培养广播宣传专业人才的重任。我们将声音释放在校园的每个角落。用我的眼睛打开你视野的锁，用我的笔记录时代的脉搏，用我的声音和你一起感悟生命的快乐，我们在看，我们在听，我们在思索。我们广播站8位播音人员一直在努力，将目光投向昨天的三高、今日的中国、明日的世界。

二、责任分工

站长：陈鹏

“校园之声”广播站播音时间表及主播

星期一《智慧闪光》

星期二《美文欣赏》

星期三《高考满文作文赏析》

星期四《诗海泛波》

星期五《新闻之窗》

星期六《歌声飞扬》

三、管理制度

（一）总则

1. 组织纪律

（1）凡广播站成员应遵守学校的相关规章制度及广播站内部的管理制度。广播站成员必须以认真负责的态度主动做好本职工作，无特殊情况不得私自调动。

（2）广播站会议无论大小，全体成员必须按时出席，有特殊原因者，需提前请假。

（3）因特殊原因，工作和上课发生冲突时，必须提前向站长请假。

（4）若有特殊原因不能按时播出节目的，需提前向站长请假，并做好节目安排。

（5）听从指挥，顾全大局，并能灵活熟练地运用原则和程序，以解决突发事件。

2. 广播站内部管理条例

（1）注意用电安全，消除安全隐患。

（2）准时上岗开播，保证播音质量。

（3）管好音像制品，防止丢失损害。

（4）播音员要尽职尽责，执行操作规程。

（5）无关人员不得进入播音室。

3. 广播宣传设备管理

（1）广播站工作人员必须爱护各种设备。非工作需要，未经站长批准不得使用播音器材。

（2）不得随意带非广播站人员进入广播站。

（3）广播室内严禁明火、堆放个人物品，严禁从事违反社会公德和国家法律的行为，保持干净、卫生。

4. “校园之声”广播站会议制度

5. 其他要求

（1）定期集中，总结经验，协商工作。

（2）各部门应及时联系，提出存在问题，总结、积累经验，提出解决问题的方法。

（3）站长、各栏目负责人经常与学校各部门联系，及时获取信息，集中各部门布置各项工作。

6. 奖罚评定

（1）每学年评定一次优秀。

（2）对不遵守纪律、不专心工作，经警告无效者，依制度解除其职务。

（3）广播站内部的各种考勤情况作为期末评优的考核条件之一。

（二）分则

1. 站长工作职责

（1）广播站钥匙由主要负责人携带，不得外借他人或私自配用。

（2）广播站各部门主要负责人做好站内全面管理和服务工作，及时掌握工作情况，定期进行分析总结和上报。

（3）站长定期检查器械的使用状况，及时掌握站内情况。

（4）广播站各部门主要负责人对本站不负责任的成员可以对其做思想工作，如屡教不改者，主要负责人可以申请对其换人。

（5）站长负责本站全体成员的业务提高和业务培训工作，定期组织学习并开展活动。

（6）广播站各部门主要负责人应在每学期初和学期末分别撰写和递交所属部门的工作计划、工作总结。广播站全体成员应在每学期初和学期末分别撰写和递交个人工作计划、工作总结。

（7）站长负责每学年的优秀站员评选工作并上报。

2. 播音组工作职责

（1）播音组成员须模范遵守广播站各类规章制度。

（2）广播站属于播音主持专用场所，任何人员无特殊理由不得在任何时段（含播音与非播音时段）进入广播站。

（3）新一周的播音稿件需至少在前一周的周日前定稿。

（4）待播稿件必须经过（副）组长的统一审阅方可播出，稿件须符合以下几个标准：

①符合国家的大政方针及各项政策，以正面宣传为主。

②符合学校的规章制度和总体思想思路。

③能够对丰富同学生活以及学习，提高审美品位起到积极作用。

(5) 播音员每天提前十分钟到达广播站，到岗后作到岗时间登记。

(6) 因临时有事请假不能播音的，须在播音的前一天（中午12：00）通知站长，由站长进行统一安排。

(7) 播音前仔细检查各类设备，如有问题及时与技术部沟通解决。播音过程中播音员要发音准确，感情丰富，避免各类语病错误，其他待播人员保持播音室内的安静。

(8) 播音过程中如出现特殊情况或意外，由组长临时指挥灵活处理，努力保证播音的顺利完成，不得擅自取消播音。

(9) 播音结束后将播音稿统一交付组长，整理做好标记。

(10) 保持广播站内的清洁，爱护公物，定时清点物品，如有损坏，及时上报。

(11) 各栏目组至少每两周召开一次例会，并做好会议记录，每月交一次工作总结。

(12) 广播站例会播音员必须提前三分钟到达。

(13) 对于无故迟到，旷播等违纪行为的处罚措施，参照广播站管理办法。

(三) 细则

第一条　校园广播是学院对广大师生进行宣传、教育的重要手段，是学院开展社会主义精神文明建设的重要阵地。因此，必须始终不渝地坚持正确的舆论导向，必须坚决服从院团委的领导，在院团委的直接管理下开展各项工作。

第二条　广播站实行站长负责制，设站长一名，在站长的领导下开展工作。站长全面负责广播站内部各项工作：负责主持召开例会，对各栏目组播音情况进行总结；负责对播音员的日常工作进行量化考核；并负责向团委及时汇报广播站近期的工作情况。重大事务由站长召集广播站全体播音员会议，经协商后报团委，待同意后执行。

第三条　播音质量是“校园之声”广播站赖以生存和发展的重要基础，全体播音员应齐心协力、勇于创新、努力提高自己的栏目质量。如果所属栏目的整体水平徘徊不前，要追究栏目负责人的责任，如若短期内仍然不能打开新局面，推动广播站各项工作向前发展，则要解聘其栏目负责人职务。站长每天必须值班，检查当天栏目的前期准备工作和播音情况。

第四条　广播站实行每周五天工作制，即在正常情况下，每周一至周六晚进行播音；周日晚间播音取消。播出时间为：晚间5：30—5：45。

第五条　每天的播音以栏目为单位，栏目组实行组长负责制，各栏目负责人负责播音稿件的前期审核工作，并把播音稿件提前一天交给站长审核。栏目负责人在站长的领导下，带领栏目组其他成员开展工作。栏目负责人应依据本栏目特色，开拓进取，制订栏目计划，交站长审核。栏目负责人对本栏目全权负责，若因栏目负责人管理不善导致栏目质量下降或发生重大播音事故，要追究栏目负责人责任，并予以解聘。

第六条　广播站全体成员要时刻注重自身修养，爱岗敬业，克己奉公，勤学不辍，勇于创新，以期在校有限的学习时光里使自己的人格得以升华，能力得以提高。

第七条　全体成员首先要以学业为重，争取在本专业学习中取得优异成绩。若因承担播音工作而导致成绩下降或出现所学课程不及格时，广播站要予以劝退。成员在平时还要认真收听广播栏目，学习播音技巧，博览群书，丰富学识，拓宽视野，活跃思维，养成“勤动口、勤动手，勤动脑”的良好学习习惯。每月应完成不少于五百字的个人作品一篇交付站长，由站长审核，并选取优秀作品收录在校园网站上，作品的完成质量将直接与个人考核挂钩。

第八条　所有成员都要自觉遵守学校各项规章制度，规范个人言行，爱护公物，注重个人形象。同时，必须严格遵守站内设备的操作使用规程，实行规范化操作。如果设备出现异常，应果断采取措施，并及时通知站长，经检查，确认无误后，方可重新使用。播音员无权向外租借站内任何物品。如因玩忽职守造成设备重大损失者，将追究其经济责任。

第九条　播音员必须严格履行作息制度。正常情况下，当天栏目的播音员应在播音前十分钟到达广播站，着手栏目的前期准备工作。栏目必须准时开播。播音结束后，栏目成员要规范关闭设备，断开电源，认真填写当天的播音日志，整理好播音稿，并保持周边环境整洁，关好灯和门窗后才可离开。

第十条　播音员应该严格履行请假制度，原则上避免请假，如确有必要，应及时向站长请假，并要做好当天栏目的交接工作，避免一人请假，栏目停播的重大事故。如造成此类事故，则计该播音员重大播音事故一次、缺岗一次。一学期，累计请假不得超过三次。

第十一条　坚决杜绝迟到、早退现象。一学期中，累计迟到、早退达三次者，予以解聘。

第十二条　凡无故不来播音者，予以解聘。

第十三条　因准备不充分而导致播音质量低劣者，视为重大播音事故，个人累计重大播音事故达两次者，予以解聘。

第十四条　缺岗及造成重大播音事故者，不得参加年度评优。

第十五条　播音员不得带其他同学进入播音室。播音期间，谢绝一切来访，点歌的同学不得进入播音室。

第十六条　对一学期被连续三次警告的播音员和栏目组，进行谈会。

第十七条　每位成员都要积极参加站内的各项集体活动。

第十八条　广播站于每年年终开展评优活动，届时将评选“优秀播音员”若干名，“优秀栏目组”一组，颁发荣誉证书。

（2021 年 7 月 15 日整理）

34. “四驾马车”之文学社

随着团委活动的不断增加，建设一个媒体平台来宣传学校学生活动，显得很有必要，于是我想组建一个文学社，办一份团刊。我在平时也参与过文学社活动，积累了一些经验，本身是语文老师有点特长，经请示领导同意，我组建了“憩园文学社”，寓意文学小憩之园的意思，创办了团刊《憩园》。后来我发现与巴金老先生的一部文学作品重名了，没想到还找到了出处。

创刊之初，文学社的工作还是比较艰难的，没有人、没有场地、没有设备。我从广播站里选出李莹、王鹏越等文笔好的同学，搭建一个班子，由李莹担任社长。由于工作越来越多，我把更多的事情交给了李莹，她非常负责，很快就组建了组织机构、明确了分工。选定了办公室，购置了必要的器材物品，经过充分的酝酿，在 2009 年 12 月份，我们印发了创刊号，创建憩园文学社，印发了《团刊》引起了学校领导的高度重视和师生的广泛关注。学校夏春林书记还给我们写了一首诗。（圣诞夜前一场雪/夏春林/躁动的平安夜/纷纷扬扬一场雪/圣诞老人未降临/先诞生了一个圣洁的世界/雪/施展了博大的爱/那山，那树，那屋……/忘情地投入了她的胸怀/还有那一条条街/它们穿着一样美丽的装束/它们结成一样深厚的情结/雪/她是圣水/使春山焕然，绽露笑靥/她是纯洁/能净化心灵污染的血/这哪是雪/这是圣诞前的华烨）。随着办报经验的不断丰富，报纸在学生中的知名度不断地提高，学生的投稿越来越多，我们增加了报纸的版面，美化了版面设计。2011 年 2 月，我卸任团委书记，当时文学社总共出版了 11 期。也许是因为学文的缘故，后来在学校打造国防教育特色校时，团委创建了校刊《集结号》，有了以前经验，校刊的版面就非常豪华了，校外印刷厂彩版印刷，专业排版软件排版，A2 纸张，可惜只出版了一期。

总之，创建学生文学社、主办学生报纸是一份很复杂的工作，投入的人力、物力巨大，想要坚持下去需要的因素很多，比如主要领导的支持、其他部门的配合、主办领导的理念、学生的参与，等等。个人认为组建学生文学社团对学生还是比较有益的，能够为他们提供一个展示文学才华的舞台，丰富了学生的学习生活，宣传了学校、团委的工作成绩，这是一段美好的人生经历。

（2021 年 7 月 23 日整理）

35. “四驾马车”之 DV 社团

团委成立了升旗仪仗队、广播站、文学社之后，丰富了学生的活动，激发了校园的活力，我突然意识到这些活动需要记录，要有相机、摄像机记录过程。团委平时有活动总要联系电教处，电教处人数少、任务多，有时来不及拍摄，沟通不顺畅，我想到要发动学生，成立学生社团组织，让学生来完成这项工作，因为学生本身就是活动的参与者，让他们来拍摄更能理解活动意义。于是我在学校贴出海报，向全校学生招募成员，列出一些条件，很快我们就成立了“三只眼”DV 社团，DV 是英语 Digital Video 的缩写，是数码摄像机的意思，“三只眼”有另眼相看的意思，还因为相机、摄像机只有一个镜头的外在形象好比人的第三只眼睛。现在保存的影像资料，大多都是当时的学生拍摄。

组建社团首先解决社团的人员。海报贴出以后学生报名踊跃，大家积极主动地参与“三只眼”DV 社团的招聘活动，最终选择了六名同学。我考虑社团要组织活动，要有人能写文案，拍摄好的相片也要有恰当的名字，一般采访什么活动也要写出文稿宣传，招录了三名会使用相机的女同学，他们都有一定文字功底，可以撰写方案。

其次，要解决社团的设备。拍摄设备不需要学生自己准备，学校负责采购一部相机和一部摄像机。学校领导开会研究，把电教部一部旧相机拨给团委使用，因为新相机都比较贵重，领导担心学生使用不当损坏，那当时我们也很高兴，即使是旧相机也是尼康品牌的，拍摄效果非常好。摄像机由学校买一台便携式摄像机，使用小卡带的。总体来说相机使用频率高，见效果快，出了几次橱窗，举办了一次大型摄影展。摄像机不怎么使用，即使拍摄了一些作品，也没有渠道展示，拍摄的视频还需要后期制作、剪辑、录音、配解说词，花费精力太多，我和学生不能独立完成，后来几乎不用。

最后，我要求社团成员要有大视野，组织 DV 社团是为他们搭建展示平台。我要求社团参与学校所有的活动的宣传，积极为各部门服务，提供影像资料，比如向团刊和活动报告提供图片。组织全校摄影展，展示学生的摄影技巧，同时展示学校的发展变化、师生的精神面貌。出了很多期橱窗，总结记录学校的文体活动，上面的图片就是社团成员为 2010 年迎新春拍摄的相片，图片上的文字都是当时的学生编辑的。

通过一系列的活动，培养了学生的摄影兴趣，提高了他们的摄影技巧，锻炼了他们的组织协调能力，也用图片的形式向师生展示了汇报团委工作成果。

令我没想到的收获是现在很多关于团委工作的相片都是当时的社团学生拍摄，因此保存了当时大量的真实影像资料。”

（2021 年 7 月 26 日整理）

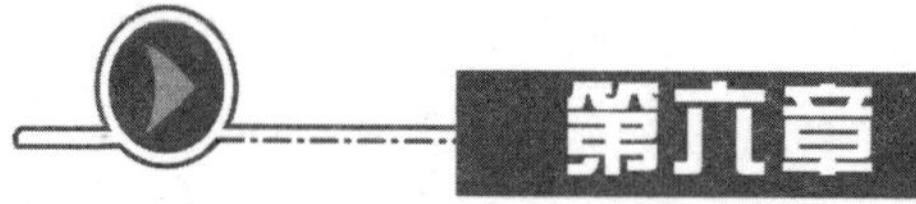

营造适合的校园文化

36. 简述校园文化建设

【案例内容】我有幸两次参与学校整体的文化建设，一次是2010年迁址桃园校区，一次是2017年迁址到市府街校区，在工作中不断加深对校园文化的理解，有一点体会心得。

师专念书时，在一师北墙外有一家电脑培训班，叫志高电脑培训，老师姓赵，利用假期我从培训班学了电脑硬件、3DMAX、Photoshop、Autocad，对平面设计有了一些了解，自己也曾设计过一些效果图。从教以后就没有再学习应用，逐渐忘得差不多了，后来在担任团委书记时，经常做宣传展板，需要与广告公司打交道，没想到业余学习的这些知识又用上了，达到交流没有障碍。另外，现在所处的位置不一样了，原来是创作，现在是在图片上进行修改，比学时要简单，工作上手就非常快，并积累了一定的经验。

2010年迁到新校区，学校文化需要全新设计，当时学校与一家北京公司合作，他们的设计理念、设计水平、使用的新型材料都非常先进，代表作品也非常出色。开始领导交代任务时，我以为这项工作会很轻松，感觉不用学校做什么，我负责把相关部门协调好，把他们在其他学校的方案拿过来略作修改就可以。结果发现根本不是那回事，他们以前现成的东西基本用不了，学校的建筑特点不一样、校情不一样、领导的要求也不一样。另外，他们在北京时的设计标准都非常高，如果按着那样的设计标准，预算根本不够。

最主要是校园文化要有三高中自己的元素，体现三高中的办学理念、办学追求。

由于时间紧、任务重，我开始了从整体和文字方面进行设计。从两栋教学楼、两栋宿舍楼、实验楼、食堂逐一进行设计，每栋楼包括中厅、走廊、专用教室、办公室、教室。以西教学楼为例，中厅要简洁大方明亮，周边全用彩钢玻璃，中间顶部一个大水晶工程灯，天井两边两行大字“志向书写前程，拼搏成就梦想”。在楼梯缓步处一到四楼，每一层一副对联，一层一个主题，“国家徽标”“国省市县地图”“地方化石文化”“民族大团结”，在楼梯两侧墙上是安全提示语和感恩老师的语言类；每个楼层走廊按春夏秋冬设计背景图片，一楼主题是梦想，二楼主题是坚持，三楼主题是廉洁，四楼主题是礼仪，每个楼层有 14 块钢化玻璃展板，一楼是椭圆形、二楼是方形圆角、三楼是方形、四楼菱形（这些当时都非常先进，外面钢化、内层 KT 板，其他学校只方形）。西楼还有两个边楼梯，边楼梯缓步、中厅也要设计，分别都是当时最先进的木板浮雕。楼顶设计了“北票三高”，因为原有建筑是墙垛式，做大字长度不够，墙还有点窄，广告公司在上面做了一个“帽”用槽钢做架，用铝塑板包裹，做完以后非常漂亮。后来在女儿墙上又制作了“以质量求生存，以特色求发展”两行大字，体现了学校抓教学和管理质量，走国防特色的发展道路的办学理念。

其中，根据需要，我们又设计了校史馆、国防展馆、党员综合活动中心、团员活动室和 2 个多功能会议室。

2017 年 6 月，学校迁到尹湛纳希高中校址，急需把尹湛纳希高中文化宣传变更成三高中的内容。这时，我的设计理念更加成熟，操作的流程更加流畅，很快就完成了任务。以综合楼为例，一楼为学校历史沿革，二楼为德育活动展示，三楼为教学活动展示，四楼为党群活动展示，一楼到四楼缓步台及楼梯侧面为学校获得的有代表性的荣誉，具体细节在这里不再赘述。

【反思】通过两次校园文化设计，我对校园文化有了更深的理解，目前这些文化宣传是外在的显现文化，还要建设内在的隐性文化，就是制度文化。我认为要更好地完成校园文化的设计，一定要多看看其他学校的文化，可以是实地考察，也可以是网络上学习。其次，设计者要有一定的文字撰写能力，老师的基本素质就是不写错别字。再次，与主要领导要经常沟通，理解掌握领导的管理理念、学校的办学理念，同时要了解学生的思想，从而能有针对性地提出供领导参考的意见建议。最后，在选择广告公司时最好是固定的一家公司，这样能够保证设计风格、施工标准统一、过程流畅，保质保量完成设计工作。另外，学校文化一定要有整体设计的理念，什么东西放哪里要有系统性。要了解各部门的需要，比如中小学生守则、社会主义核心价值观、政务党务公开、师德师风公开、收费公示、消防、预防传染病、安全提示、禁烟标识、未成年保护、垃圾分类等是必有的内容，一定要放在显著位置。不能自己想当然，设计完了还没有用，有用的还没设计上，这样工作就出现失误了。

当然，最重要的事情是设计时要有“我”，能够体现本校个性追求文化特色，彰显本校师生面貌，形成自己的文化内涵。为此，在2010年设计学校文化时，我还自己制订了一个方案。

附：2010年学校文化设计方案

《以人为本　润物无声　构建和谐的学校文化》

一、认清教育改革形势，明确工作基本思路

校园文化是一所学校长期历史的积淀，是一所学校所张扬出来的与众不同的个性，是一所学校在教育竞争中所显示出来的长久不衰的刚性。为此，学校确立了校园文化建设的基本思路是：积极响应构建“和谐三高”“魅力三高”“特色三高”的战略部署与号召，以育人为宗旨，以全面提高教育教学质量为目的，以丰富多彩的校园文化活动为载体，坚持“以科学的理论武装人，以正确的舆论引导人，以高尚的精神塑造人，以优秀的作品鼓舞人”，立足实际，突出特色，以人为本，润物无声，既重视软件建设；又重视硬件建设，既体现主旋律，又倡导多样化；既能体现时代精神，又能承担培育新人任务；既加强规范引导，又注重学生个性发展。努力创建符合素质教育要求、具有学校特色的校园文化体系，推动教育教学工作不断发展和全面繁荣。

二、统筹规划，确定目标

遵循“整体规划，分步实施，逐步完善”的原则。按照“校园建设营造整体美、绿色植物营造环境美、名人佳作营造艺术美、人际和谐营造文明美”的思路。争取校园设施出精品、文化活动出成果、制度建设有特色，使校园文化成为教育、激励全校师生员工和促进素质教育开展的有效载体，使育人环境得到全面优化，彰显出学校以人为本的管理理念。

三、努力实施，制定原则

1. 育人性原则：根据学校实际，结合时代特点和形势需要，与社会主义新荣辱观密切结合起来，发挥校园文化建设的育人功能，使学生在校园文化建设中提高思想道德修养和整体素质。

2. 整体性原则：校园文化建设要符合党的教育方针，围绕学校中心工作，密切联系实际，紧紧体现时代精神，同时，校园文化建设在功能中应该是一个统一的整体。

3. 特色性原则：创新校园文化建设的途径和方法，丰富校园文化的内容和形式，在传统中挖掘新意，通过新事物来领悟传统文化，用融合的手段为校园文化建设注入生机与活力。

4. 分步实施原则：校园文化建设是一个历史积淀、传承、发展的过程，要在整体规划的前提下，一切从学校实际出发，分阶段、分步骤实施，对于成熟、稳定、可靠的项目，学校先期建设，对于有争议，需要进一步研究论证的项目，等各项条件成熟完善后再具体。

四、认真组织，建立机构

校园文化建设是长期的系统工程，需要全员参与。为此，学校成立了校园文化建设领导小组，由校长担任组长，积极促进校园文化建设，通过营造一个优美、和谐的校内自然物质环境和人文文化氛围，促进学生健全人格的形成，并努力探索校园文化建设的途径、方法和规律，探索校园文化与学生综合素质关系、并构建校园文化的教育模式，努力培养出适应新时代要求的合格人才。

五、具体实施

（一）人文景观。三高中校园显性文化分成七大子文化：标志文化、园地文化、楼层文化、墙壁文化、主题文化、班级文化、公共区域文化。突出强调主题文化、园地文化和班级文化。

1. 主题文化，彰显特色。校园育人环境优美，环境建设以“环境优美、功能齐全、文化浓厚、恬静雅致”为目标来塑造校园的整体形象，通过学校建筑物造型、绿色植物造景、人文景点设置，塑造校园的整体形象，对学生的成长起到潜移默化的教育作用。按照四季有花、四季有香、四季常绿、四季分明的绿化原则，绿化与美化相结合，构成校园内四季不同的画面、不同的情趣。

2. 学校建筑及标识牌以橙、白、黑三种色调为主，体现出高雅素洁、稳健久远、协调和谐的校园建筑主体格调；学校将栽种一些各类常青树、地方特色植物，让学校绿起来；并在学校的绿地或树林中安放一些小景观石点缀学校环境。我们精心设计了每栋楼的名字，如：敏学楼，取自《论语》“敏而好学，不耻下问”；行健楼，取自《周易》“天行健君子以自强不息”。每个楼，每个楼层，我们都设计了安全疏散图、楼层导引图、防火器材使用说明等安全警示标识。

3. 园地文化，张扬个性。每个楼层都设有学生活动园地、作品展示园地、学生光荣榜，系统展示学生活动的情况和作品，以及优秀学生的照片和事迹，为学生展示自我、张扬个性、学习榜样提供了广阔的平台和空间。宣传展示的115块宣传栏竣工投入使用。

4. 班级文化，各具特色。班级是学生学习、生活的主要场所，也是校园文化建设的一个重要窗口。学校把主动权交给班主任，把校园按区域划分，交给各班自主策划经营，加强了管理文化、学生文化、质量文化、心理文化、家庭文化的构建，培育质量生长、管理优化、人际和谐、特色鲜明的文化土壤和教育增长点，有效提升了教育质量和管理水平。同学们亲笔创作的书法和绘画，设计的班级形象，班规班纪、人生信条、佳作展区、榜样昭示等栏目，形成了以“自主、自强、自励、自信”为特色的教室文化，为学生营造了赏心悦目的学习环境。让有形的物质承载无形的精神，让有限的空间发挥出无限的潜力。

（二）制度文化。我们从教学、管理、行风、党务政务公开制定系列规章制度，形成了我校硬件建设和软环境建设一个完成的校园文化系统。

目前，我校各项工作正在有条不紊地进行，学校也呈现出了欣欣向荣的景象，请各位领导相信我们会尽最大的努力，让三高中的校园文化凸显出特色，为学校的团结稳定、和谐发展提供源源不断的动力。

（2021 年 5 月 21 日整理）

37. 校园饮酒宽严相济

【案例内容】潘主任汇报在 5 月 24 日晚，高一年级某班同学在宿舍饮酒，其中两人饮白酒一斤半，另外六人各饮若干啤酒。其中，甲同学饮酒一斤，乙同学饮酒半斤，甲同学一切正常，乙同学则在宿舍内呕吐折腾，后来被宿舍老师发现，被领到潘主任办公室时乙同学还在呕吐，潘主任问用上医院吧，乙同学说不用，意识还清醒，只是有点难受。由于已经是深夜 12 点，潘主任调查清楚后，让他俩回宿舍醒酒，让同舍同学观察他们的状态，如果有突发情况，立刻报告宿舍老师。

高二年级还曾发生过两名同学在返校日因饮酒不能到校的事，家长知情并向班主任请假。

以前也曾发生过学生在运动会期间饮酒，班级学生都在参加运动会，这两名学生没有运动项目，偷偷跑到学校超市买了两瓶酒，没有下酒菜，两个人就喝上了，最后有一名同学饮酒过量，造成酒精中毒，最后到医院抢救。

【解决过程】第二天，潘主任将情况反馈给班主任，班主任介绍这两名同学以前小错误不断，这次影响较大，应该严肃处理。又考虑到饮酒是偶发事件，没有对他人造成伤害，没有学生天天饮酒的现象。最后，由家长到校把学生领回家反省教育，其他同学进行劳动教育。

现在法律并未规定任何人在校园内不能饮酒，超市不能卖给未成年人酒类商品，也未规定未成年人饮酒如何处理。如果学生在校内饮酒受伤、死亡或者对其他师生造成伤害，宿舍老师没有发现或没有制止，那么学校一定会负主要责任。超市、家长承担次要责任。所以，学校对学生饮酒一定要管，一定要制止。

现在，对于未成年人吸烟管得较严，但对于未成年人饮酒却关注不多，一方面是误认为饮酒的危害性不如吸烟；另一方面，未成年人饮酒是偶发事件，不经常发生，对其持宽容态度，一些小孩子在家庭聚会中也会饮酒。

与成年人相比，未成年人心智处于未发育成熟的阶段，酒精导致的后果往往更为严重，不仅会影响年轻人的正常发育，还易引发饮酒过度的伤亡、暴力伤害、交通事故和共同饮酒责任等后果。

个人认为要通过法律手段，规定合法的饮酒年龄，给学校处理饮酒学生提供依据，提高家长的认识，让家长成为孩子不饮酒的重要监督者，让学生远离饮酒。

（2021 年 6 月 5 日整理）

38. 建设无烟学校真难

高中生吸烟问题历来是学校治理的“顽疾”之一，现在还出现了吸电子烟和女同学吸烟的新问题。

禁烟难的原因之一是存在外宿生在校外吸烟、住宿生后半夜吸烟、学生课间在厕所吸烟的情况，这些时间节点监管起来非常难。

原因之二是对女同学吸烟的检查几乎空白，本身女性管理干事就少。另外，女同学不吸烟的普遍印象使学校忽略对她们的监管，她们还为男同学藏烟、藏打火机。

原因之三是新兴的电子烟科技含量高、便捷，烟短、不用打火机，吸电子烟更不容易发现。

原因之四是部分老师还存在校内吸烟行为，吸烟老师多为老烟民，烟瘾太大，隐藏太深，戒烟太难，给学生带来不良影响。

原因之五是学生“烟民”基本上从初中开始第一次吸烟，吸烟已经形成习惯，已经“上瘾”。

原因之六是家长吸烟，所以家长对孩子吸烟不重视、不管、不问。

原因之七是对卖烟商家的监管还是停留在纸面上，可以说学校周边的超市没有一个不卖烟的，甚至个别利欲熏心的商人还把一盒烟拆开分支卖给学生来谋取高价，方便手里零花钱不够的学生买烟，同时，一次一买还可以降低学生被抓的风险。

可见，现在吸烟和二手烟暴露已经严重危害了学生健康和影响了学习，烟草使用正在成为一种“青少年的流行病”、一种不良的时尚，学生吸烟逐渐呈低龄化的趋势，学生吸烟越早越有可能终生重度吸烟。青年学生可能意识不到这些问题，因此控制烟草“拒吸第一支烟，做不吸烟新一代”要从学生抓起。

作为学校，我们采取了以下措施禁烟。

一是经常检查。由政教处联合三个年级一起到卫生间、宿舍检查，每周进行一次室内管制刀具、烟、手机等物品的排查，宿舍内每晚三次查寝。这是非常有效的措施，多人检查时检查工作做得细，还能“造势”起到震慑任用。不吸烟的班主任或女老师在吸过烟的同学身边路过，就能闻到烟味，就可以调查处理。

二是宣传教育。及时公布对吸烟违纪学生的处理结果，不断强化管理。结合每年的“世界无烟日”进行宣传教育，下发倡议书，利用橱窗板报宣传健康知识，在明显位置张贴禁烟标识。

三是反省教育。对于三次吸烟以上同学，通知家长领回反省配合学校教育。利用家长到校机会，建议家长管理好学生的零花钱，监督学生在家情况并协助学生戒烟，倡导建设无烟家庭，给孩子树立“不吸烟最时尚”

的健康理念。

四是打造无烟校园。要求老师不在校园吸烟，倡导健康生活方式。要求男女卫生间保洁员担任禁烟志愿者，随时监管师生吸烟。

对于学生吸烟问题，需要学校反复抓、抓反复，吸烟错误不大不小，损人不利己，错不致开除，却影响极坏，但是绝不能不管理，不管则危害学生身心健康。

（2021 年 6 月 9 日整理）

第七章 借鉴学习助力成长

39. 坚持就是胜利——参观陕西宜川中学有感

2021 年 4 月，我们一行五人去陕西省宜川中学学习参观，陕西宜川中学建校于 1941 年，2016 年迁到丹州新校区，教学班 138 个，学生 7600 人，老师 590 人。2020 年成立陕西省宜川教育集团，合并或托管宜川县第一中学、宜川县初级中学、宜川县第三小学，是延安市重点中学、省示范性高中。宜川县地处晋陕大峡谷，黄土高原腹地，地理位置不优，县域经济不发达，但具备了吸引延安市各县优秀学子的魅力，2020 年高考一本上线 865 人，创造了黄土高原上的教育奇迹。

自主教学和自主管理的“双自”是他们制胜的法宝。宜川中学从 2004 年开始探索自主管理，长期以来总结了“七项常规”“八项修炼”的德育活动，秉承了“德育注重自治，智育注重自学，体育注重自育，美育注重自营，教育贵在自觉”的理念，坚持“学校的一切为学生发展而存在”的办学理念，荣获全国教育系统先进集体称号。此行收获颇丰，很多地方值得我们学习。

一是坚持，如果找准了工作的方向，那就坚持走下去。

2009 年，学校曾经有过类似的理念，在 2010 年迁址时展示在大屏幕的后面“相信学生，依靠学生，帮助学生，解放学生”。当时我们的理念走在了全朝阳市前列，曾一度有过取消班主任的想法，思想超前，力度超前，全面进行自主管理。后来生源发生变化，阻力重重，最终不了了之。但是为现在重启学生自主管理打下了坚实的基础。在宜川中学的广场左侧有一行大字格外熟悉，“相信学生，依靠学生，发展学生，成就学生”。宜川中学从 2004 年实行“双自”管理，一直到现在，取得了显著的成绩，学校、学生、老师均是受益者。学校现在是全国名校，学生升学率显著提高，老师向发达城市有序流动。2020 年学校一本上线 865 人，远远超过北票市。宜川中学成熟老师的每年外流量都在 40 人以上，老师个人发展得都很好。

二是开拓，凭借前所未有的开拓精神，凭借前所未有的业绩，打动政府、感染政府，全力支持办学。

宜川中学设置了“研宣处”，主要负责对外宣传，学问在“研”字上，他们把学校的理念、文化、教学、管理全都涵盖了，把传统办公室的对外宣传的行政职能发展成了研究职能，以全新的视角、全新的高度解读宣传学校文化，专班专人负责信息的整合和对外宣传。

集团办学模式，涵盖小学、中学和高中所有学段，形成一体化育人。以前北票有几所农村高中生源不好，就办了初中班，结果初中火了，挽救了半死不活的高中。高中托管中小学在办学上有独特、教育资源、理念优势。

宜川县贫穷落后，在经济发展方面赶不上北票。宜川中学通过全体师生的努力，以拼搏进取的精神和不断刷新的业绩，赢得了财政资金的支持。2016 年新迁校址，用他们办公室主任的话说，县政府把全县最好、最大的平地用来办了学校。市政府还为教职工建设了 4 栋家属楼（高层）。宜川高中现在是宜川县的城市名片，吸引了延安市其他县区的大量学生，吸引了全国众多的教育同仁学习考察，间接地为宜川的发展作出了贡献。

三是首抓思想政治工作。

他们把升旗仪式当成了全校主题思想教育的主阵地，我们去学习的当天早晨，学生主持升旗仪式，三名高三年级主任和老师为高三学生冲刺100天做了励志演讲，师生斗志昂扬、令人鼓舞。宜川中学的主题思想教育，由各部门或年级根据工作需要提出申请，面向全体师生进行。这种形式，由于演讲人站位高、准备充分、结合工作，对师生很有激励意义。

宜川中学各年级设置每天的“晚点”。由年级主任每周或每天总结工作、提出要求，会议及时生动高效。我们学习的当天由一名年级副主任总结分析月考成绩，通过“晚点”紧紧抓住了学生的行为动态，引导了学生的思想。

宜川中学定期开展大型活动，开展丰富多彩的活动，用活动来育人。我们去学习当天，学生正在彩排朗读比赛。宜川中学每年还组织130里的远足、运动会、演讲比赛、名师讲堂，等等。

宜川中学老师的敬业精神也给我很大的触动，晚课时很多教研组都有老师在集中教研。

宜川中学的自主管理非常成功，晚自习每个年级只有一个值班干事，班级都是学生自主管理，自习纪律非常好。课间操、升旗都是学生自己组织，看不到班主任的身影。他们开展班主任“一托五”或者“一托二”管理，一个班主任管理五个班级，把自主管理发挥到了极致。

学习回来之后，我们召开了一个小范围的讨论会，研究了可供我校学习和借鉴的措施，并在此基础上组织了全校班主任会议，重启了学生自主管理。

（2021年5月11日整理）

40. 微班会课将是落实学生思想政治工作的主要抓手

微班会课，指时间大约5—10分钟，主题切入口小，形式灵活的班会课。优点在于时间短、切入点小、形式灵活，投入精力少，易于班主任备课。

什么时候召开微班会课？个人认为不要用正课时间上微班会课，不占用学生的主要学习时间，用课余时间最好。微班会课在早自习时可以召开，从早上给学生提醒，能够充分引起学生的注意，达到一种“先入为主”的效果；也可以在晚课前召开，根据发现的问题确定微主题，有利于及时发现问题和立即解决问题，有利于学生养成反省、反思的良好习惯。

谁主持召开微班会课？我认为不一定必须是班主任。可以根据微班会主题来确定，如果深奥的问题或者学生认识模糊的主题，可以由班主任来主持；如家校协调类、严管厚爱的管理、传达学校的管理规定，可以由班长来主持，班长根据当天班级出现的问题，抓一个点进行班会；也可以由相关的委员，比如学习委员、宣传委员、安全委员、劳动委员等，根据自己的班级内部管理分工来主持，这样内容会更丰富，主持人的工作量小，能够形成连贯性，能够坚持做下去、做好；还可以由年级主任统一年级所有学生召开，就共性的问题进行明确、宣传、教育，比如安全、考试成绩分析等。

时间有了，主持人定了，以什么形式召开。常规方式主持人制作 PPT，提前备课内容，以多媒体为载体，结合光影、音效共同作用。发挥微班会课形式灵活的优势，我认为也可以采用主持人讲故事谈看法、读一篇好文章谈体会、播放一段短视频挖掘主题、唱首励志歌曲沉浸教育、展示书法绘画作品欣赏美、展示以前活动的照片积淀感情、播放家长录制的小视频感恩父母等方式，略微高难度的形式是与学生就一个话题展开对话交流、准备一个互动游戏或参与体验的活动等。

一节有效的微班会课的核心是内容、主题和传达的思想。微班会课与主题班会建构了做好学生思想政治的平台，主题班会像是正餐要精心烹制，微班会课更像是零食要“恰如其分”。微班会课的主题要与学生生活密切相关，可以是学生的一个动作或一句话、班级内出现的一种现象、发生的一件国家大事或学校大事，可以是一次月考、一次检测，也可以是灵光一现的一个点子，也可以是还未发生的或是已经发生的事情，甚至可以是生命健康教育、劳动教育、智慧教育、品德教育。但是，安全教育这个主题不能缺席，要定时间、根据气候定计划、定主题和定人。总之我认为切入点要小、挖掘要深、语言要精、形式要易于接受、有励志效果，在主题上要达到画龙点睛、点石成金的作用。

在微班会课上，我们有哪些需要注意的呢？一是要以引导为主，杜绝说教，通过展示内容启发学生思考、立志、感恩、珍惜生命、热爱生活、团结集体，由小话题升华到大主题。二是要以学生为主，杜绝包办，让学生来引导学生，用学生来帮助学生，用学生来影响学生，学生来做这些事，本身就是一种榜样引领。另外，学生更了解学生，更能贴近他们的生活，激发的情感更易于扩散，教育的力量更大、更有张力。形成班级的公约、共识、认知，唤醒学生成长的自觉，让班级充满青春成长的滋味。三是班主任要及时指导，参与学生的选题、备课，参与微班会课，要与学生共情，休戚与共，不做旁观者、评论者，要做呵护者、参与者，要做幕后英雄，把机会留给学生、把精彩让给学生、把成长送给学生，要做“师爷”出谋划策，做一名引导者。四是微班会课要坚持上课，每天一节课，定时间、定人、定地点，要做春雨，“随风潜入夜，润物细无声”。能否持之以恒的关键在班主任，班主任要有教育信仰、育人理念、育好人的信心，不能得过且过，要拿出真心真情与学生对话，与学生进行心灵的沟通。班主任不仅要爱学生，更要懂学生，爱学生是单向的输出，懂学生才是双向的交流。五是学校层面要加强监管，以组织年级微班会课的形式来带动、影响、引领各班级微班会课。六是微班会课是以课的形式出现，是德育课程的一部分，不是简单的活动，要站到“课程”的高度上好微班会课，形成班级文化，凝聚年级文化，塑造学校文化，构建德育圈，共育文化场。七是尊重各个班级的独立性和学生的个性，允许班级有差别、学生有差异，不求统一，不求形式，不求做大做强，只求在微班会课上流露真情，吐露真言，求做真人，留下对规则的敬畏和对学校的眷念。

（2021 年 6 月 5 日整理）

41. 与李树勤老教授谈话心得

2021 年 6 月 21 日是非常难得的机会与回老家参加同学会的李老交谈，聆听老教授的教诲，今天抓紧时间稍作整理。

“老师不要限制学生，老师就是引领和探讨，给学生一个方向，没有具体要求。”我理解这句话的含义，就是要尊重学生的选择，要支持学生的努力，老师尽量不说“不”“不行”，多说“行”“能”，多点赞。青年对时代脉搏的把握比我们更敏锐。

“将军决战何止在战场。分数不重要，清华大学现在招收了全国状元、各省状元 500 多人，现在在各方面做出成绩的没有一个是状元。1985 年、1986 年、1987 年三年，我当清华大学招生办主任，招了湖北省状元张洪文到清华大学水力系，有一次我问一位水力系教授张洪文现状如何，水力系的教授竟然不知张洪文是谁。用分数来衡量人不重要。”我的理解是人生有多次考试，多个考场，高考只是其中的一个，放在岁月的长河中，只是翻起的浪花中的一朵。

2002 年去河北衡水高中，时任校长张文茂让我给学生和老师讲讲话，当时没有准备，脑子里比较空。张校长说先参观校史馆，校史馆里有一行大字“素质教育能提高升学率”，后来再给学生讲话时我说“应试教育更能提高升学率”，后来与张校长交流，他说他从来没有在这个角度看问题，很受教。这是逆向思维，观点中蕴藏着丰富深刻的内涵。

“学校要提供令人终生难忘的教育。什么是终生难忘的教育？应该是终身受益的教育。”北票高中使他终生难忘，因为在北票高中的学习生活让他终身受益。这句话引起我深深的思索，到目前我还未找到答案。

“三高中要大胆办学、理直气壮办学，沿着自己的道路，坚定理想信念。”“很多理论还存在不确定性，但娄家店初中的经验是经过事实检验的办学经验，要珍视。”“让学生成才成大才。”我理解这些话是要三高中的教职工正确面对三高中的现实情况，不抱怨、不放弃，和学生一起培养浩然正气、凝聚人气、立德树人。

下面转录了李教授《2020疫情有感》的这篇文章，共同体味教授的百味真言。

“请您一定看二次，反复咀嚼！著名的清华大学教授王洪亮的一段话好经典：

人静时，躺下来仔细想想，人活着真不容易，明知以后会死，还要努力地活着，人活一辈子到底是为什么？复杂的社会，看不透的人心，放不下的牵挂，经历不完的酸甜苦辣，走不完的坎坷，越不过的无奈，忘不了的昨天，忙不完的今天，想不到的明天，最后不知道会消失在哪一天，这就是人生。所以再忙再累别忘了心疼自己，一定要记得好好照顾自己！人生如天气，可预料，但往往出乎意料。不管是阳光灿烂，还是聚散无常，一份好心情，是人生唯一不能被剥夺的财富。把握好每天的生活，照顾好独一无二的身体，就是最好的珍惜。得之坦然，失之泰然，随性而往，随遇而安，一切随缘，是最豁达而明智的人生态度。多好的一段话：

我们都有缺点，所以彼此包容一点。我们都有优点，所以彼此欣赏一点。我们都有个性，所以彼此谦让一点。我们都有差异，所以彼此接纳一点。我们都有伤心，所以彼此安慰一点。我们都有快乐，所以彼此分享一点。因为我们有缘相识，请珍惜生命中的每一位家人、朋友！开心地过好每一天！

十年后，你保持了健康的体魄，还能到处旅游、打拳、跳舞。你的孩子会说，老爸老妈你们太明智了！

给孩子最好的礼物是自己的健康！重要的事情，再说一遍，请大家记住最后一句话：给孩子最好的礼物是保养好自己的身心健康。

其实人生就是做好两件事：第一，教育好孩子，不要危害社会；第二是照顾好自己，别拖累孩子。[微笑]

再过若干年，我们都将离去，对这个世界来说，我们彻底变成了虚无。

我们奋斗一生，带不走一草一木。我们执着一生，带不走一分虚荣爱慕。

今生，无论贵贱贫富，总有一天都要走到这最后一步。到了天国，蓦然回首，我们的这一生，形同虚度。

所以，从现在起，我们要用心生活，天天开心快乐就好。三千繁华，弹指刹那，百年之后，不过一捧黄沙。请善待每个人，因为没有下辈子。

一辈子真的好短，有多少人说好要过一辈子，可走着走着就剩下了曾经。又有多少人说好要做一辈子的朋友，可转身就成为最熟悉的陌生人。有的明明说好明天见，可醒来就是天各一方。

所以，趁我们都还活着，爱人、战友、同学、朋友、同事，能相聚就不要错过，能爱时就认真地爱，能拥抱时就拥入怀，能牵手时就不放开。

能玩的时候玩，能吃的时候吃。请好好珍惜身边的人，不要做翻脸比翻书还快的人。

互相理解才是真正的感情，不要给你的人生留下太多的遗憾。再好的缘分也经不起敷衍，再深的感情也需要珍惜。

没有绝对的傻瓜，只有愿为你装傻的人。原谅你的人，是不愿失去你。真诚才能永相守，珍惜才配长拥有。

有利时，不要不让人；有理时，不要不饶人；有能耐时，不要嘲笑人。太精明遭人厌，太挑剔遭人嫌，太骄傲遭人弃。

人在世间走，本是一场空，何必处处计较，步步不让。话多了伤人，恨多了伤神，与其伤人又伤神，不如不烦神。

一辈子就图个无愧于心，悠然自在。世间的理争不完，争赢了失人心；世上的利赚不尽，差不多就行。财聚人散，财散人聚。

心幸福，日子才轻松；人自在，一生才值得！想得太多，容易烦恼；在乎太多，容易困扰；追求太多，容易累倒。

好好珍惜身边的人，因为没有下辈子的相识！好好感受生活的乐，因为转瞬就即逝！好好体会生命的每一天，因为只有今生，没有来世。

献给家人、同学、同事、战友、好朋友、好弟兄、好姐妹，以及爱我的和我爱的人。

读过的，若能再读一次，没准让你再次深刻体会人生真谛。（2020 疫情有感。）”

（2021 年 6 月 22 日整理）

42. 学生是学校最好的代言人

评价一所学校有很多标准，有安全、有教育教学质量、有师资、有师德、有管理、有师生评价等，我认为有一点不能忽略，那就是学生的评价。学生是学校最好的代言人。

清华教授李树勤曾说让人终身受益的教育才是令人终生难忘的教育。我未能细问是什么事让他终生难忘，他提笔写了一篇高中生活和一篇初中生活的回忆录。彼时的一高中、黑城子初中让他终生难忘，彼时的一高中、黑城子初中的教育就是令人终身受益的教育。

我组织编辑三高中校史时有幸读到了《我对母校黑城子初中的回忆》，虽然编辑校史工作半途而废，但这篇文章使我受益良多，在这里我不敢对什么是真正的教育进行解读，也无需狗尾续貂，大家共同欣赏文章。（附文章）

谨以此文，献给我想念的母校老师和同学们。

我对母校黑城子初中的回忆

清华大学　李树勤

我是1960年10月刚上初二时，从当时的汤沟初中（现在的娄家店学校）转入黑城子初中的。原因是住校交不起每月4元钱的伙食费。在黑城子南梁粮库工作的大哥就将我转到黑城子初中上学，这样可以在大哥大嫂家里食宿，不用住校。当时北票全县共有8所农村初中，号称“老八所”。黑城子初中是省重点农村实验中学，排名第一。我所在的汤沟初中排名第八。所以我的转学算是“高攀”了。还费了一番周折。

1956年建校的黑城子初中，原名叫北票三中，1960年改为黑城子初中。每个年级4个班，3个年级共12个班，外加一个培养小学老师的速师班。全校学生600多人。黑城子初中的教学管理和对教学质量的要求非常严。除期中、期末考试外，还要有一次全校停课的知识质量大检查考试。

考试成绩各年部都要进行班级排名。当时，赵子晋校长虽然答应我转入，但二年部的4个班主任都拒绝接收，主要怕影响班级排名。他们认为一个来自全县倒数第一学校的我，肯定学习成绩不会太好，将影响班级的排名。为此，赵校长立了个规矩。这次把我放在1班，以后再有转学生，依次安排在2、3、4班 。我非常感谢赵校长，也很感谢二年1班的班主任高玉铭老师接收了我。

我入学刚一个多月，就赶上全校停课大考。结果我考了全班第一名。高老师很高兴，认为我为班级争了光，还特地给我大哥写信表扬了我。在以后的各次考试中，我的成绩越来越好，一直居全年级第一名。特别是在初三上学期的大考中，8门课我考了6门100分，另外两门分别为98分和97分（语文和政治），总分795分，平均每门99.4分。名列全校第一名。学校的黑板报以《勤和100》的标题对我进行了专门报道。这个分数，在我以后的高中、大学以及研究生阶段，都没有达到过。从那以后，我开始飘飘然了，贪玩淘气，学习也不抓紧了。课堂上经常开小差，跟同桌在下面小动作不断。结果在下一次的考试中，我遭遇了“走麦城”。我不但在全校没排上名次，就是在班上也落到第二名。宋世富同学考了全班第一名。班主任张连洲老师在班会上表扬了宋世富学习刻苦，成绩突出，功夫不负有心人。然后张老师将话锋一转，也不瞅我，就大声说：“谁要是骄傲自满、自以为了不起，不严格要求自己，谁就必然要失败”。当时羞得我恨不得把头塞进桌洞里。

从那次教训以后，我对学习又开始抓紧了，比以前更刻苦了。我的成绩又恢复了以前的名次。特别是1962年毕业参加中考时，我考了全县第一名。在我即将离开母校时，张连洲老师在我的日记本上写下了如下教诲：“聪明的头脑，超人的记忆力，只是学习的有利条件。要使其真正发挥作用，必须用大脑的理智来控制。谦虚、谨慎、勇往直前。切记！”半个多世纪过去了，张老师的嘱咐始终记在我的心里，使我在任何情况下，没有迷失自我。有人说，老师的一句话 ，可能影响学生的一生。我对这种说法深信不疑。

回顾我半个多世纪人生历程，黑城子初中的学习生活，确实为我以后的成长打下了良好的基础。

这不是偶然的。这是与以赵子晋校长为代表的老师们的教育理念分不开的。我体会最深的有两条：一是有一支爱岗敬业的高水平的老师队伍；二是坚持培养学生德智体美全面成长。

黑城子初中的老师都把能在省重点中学做一名老师当成是很高的荣誉，全身心地把精力放在培养学生上。他们对学生既关心备至，又严格要求。记得在初二下学期，因为我大嫂大拇指受伤溃烂，不能做针线活，大哥和我都没鞋穿了。大哥穿着露脚趾的鞋，我索性光着脚丫子跑路上下学。一次，我大哥和赵校长一块儿在公社（就是现在的乡）开会，赵校长看到我大哥的鞋露着脚趾，就问怎么回事。我大哥回答说："我还算有一双凑合着穿，我弟弟正光着脚上学呢"。没想到赵校长把解决我的穿鞋问题当成一件大事。20 世纪 60 年代初期，正是我国经历经济最困难的时期。物资极其匮乏，几乎所有东西都凭票供应。当时黑城子初中全体老师分到两双胶鞋票。赵校长就在全体老师会上讲了我的情况。老师们一致决定，将其中的一双鞋票给我。当我穿上一生中第一双胶鞋的时候，不知为什么，眼泪实在忍不住了，我急忙跑到城墙外面，号啕大哭。同学们还以为我出了什么大事。董兴荣同学学习很好，但家里老母有病，生活非常困难，教数学的顾老师安慰她说："你安心学习，考上高中我供你上学"。初三下学期，董兴荣决定不考高中，回家干农活去了。班主任张连洲老师利用周末步行 25 里路，到板达营子董兴荣家里，劝她回学校准备中考。感动得董兴荣第二天就返回了学校。在黑城子初中，老师关爱学生的例子，还有很多很多。

黑城子初中老师的严谨教风和教学水平，使我终身受益。老师们在课堂上能牢牢地抓住学生的注意力，牵着你的思路纵横驰骋。数学老师王忠田，讲起代数，居然像说相声一样，常常使全班哄堂大笑。记得有一次他在课堂上批评有的同学写计算结果时忘了写计量单位。他挖苦说："×××同学去给家里买 10 斤粮食，结果忘了单位，背着个大'十'字回家了。"教几何的齐长忠老师徒手在黑板上画"圆"和"正多边形"，漂亮极了！既节约了时间，又给了我们艺术享受，这工夫绝不是短时间练成的。教物理的张连洲老师在课堂上演示物理现象，简直像变魔术一般。穷乡僻壤的孩子们对学地理没有兴趣，因为只有死记硬背，才能应付考试。教地理的张大勋老师就用废纸打成4种颜色的纸浆，制成立体的地图。山脉、河流、平原、丘陵、高原，一目了然，既看得见，又摸得着。给我们制造了形象记忆，感觉地理好学多了。为了让我们记住一些国家的名称和主要农作物，他就编了顺口溜。我至今还记得苏联的主要农作物是“小燕大黑马”（即，小麦、燕麦、大麦、黑麦、马铃薯）。苏联解体前的15个加盟共和国，我现在还能说出它们的名称。这些，都得益于当年张大勋老师的教学。

黑城子初中还是个藏龙卧虎之地。直到1982年，我才知道，当年教我们世界历史课的于锦绣老师是中国社会科学院教授、我国著名社会科学学者。他给我们讲世界历史课。我懵懵懂懂地觉得，这个老师什么都知道，好像世界上很多地方他都去过，所以对他的课很有兴趣。每次考试我都得100分。80年代初，于锦绣老师回到北京后进入中国社会科学院，恢复了教授（研究员）职务。他今年已经98岁高龄，身体很健康，而且精神矍铄，思维敏捷，仍然笔耕不辍。我逢年过节去看望他。有一次，我谈起去民族文化宫看人皮的事，他说，那个展览就是中央让他具体负责筹办的。谈起当年在黑城子的岁月，他感慨万千，感谢黑城子初中没有难为他，也感谢黑城子人民保护了他。

当年黑城子初中那批老师是立校之本和宝贵财富。为表达我对这些老师的敬意，这里我要写下教过我课的和接触过的老师的名字（可惜已经记不得很全了）：赵子晋、王一舜、高玉铭、王淑贞、张连洲、王忠田、齐长忠、李士良、张大勋、李洪德、任旌田、桑清龙、于锦绣、孙汝龄、刘凤岐、高尚志、刘念秋、马兴贵、叶淑芝、项文治、李荆林、陈振英、胡万顺、李贺然。

在对学生的培养上，黑城子初中坚持的理念是培养学生德智体美劳全面发展。

当时正值困难时期，师生都吃不饱肚子。学校就组织全校同学勤工俭学。校舍北面一直到城墙脚下有一片空地，学校就开成菜地，种植各类蔬菜，如白菜、萝卜、甜菜、西葫芦、菠菜、西红柿、黄瓜、茄子、辣椒等。从村里请了个有经验的菜农，指导学生种菜和田间管理。一方面，培养了学生的劳动技能和劳动观点；另一方面，改善了伙食，基本上解决了全校师生的吃菜问题。这是一件非常了不起的事情，在当时北票农村“老八所”中，只有黑城子初中能做到。

学校对学生的各科成绩抓得很紧，但丝毫不放松文体活动。除体育课外，早操跑步是雷打不动的。课间操是必不可少的，班级或年级之间经常开展体育比赛或爬山竞赛。所有这些活动，老师们都带头参加。赵子晋校长就是篮球队的主力队员。因此，学生小小的年纪就养成了体育锻炼的习惯。记得1961年，初三的孙国祥同学就考入了大连体育学校。1963年，比我们低两班的于天宝同学夺得全县乒乓球单打冠军。至于文娱活动，更是黑城子初中的长项。学校的腰鼓队远近闻名。我们班宣传破除迷信的表演唱《土地佬搬家》全校有名。记得开头的几句唱词是：

“有一个土地佬呀，

蹲在那破庙台。

一天到晚闻不到香火烟，

风吹呀，雨打呀，庙门塌了半扇。

闹得他老两口子睡觉露着天，睡觉露着天。”

到开全校大会时，各班互相拉歌，此起彼伏，彰显了很强的集体荣誉感。我们那时学会了很多歌曲，这要归功我们班的文娱委员董兴荣同学。她不仅长得漂亮，学习成绩好，而且多才多艺，能歌善舞。我们班唱的歌曲几乎全是她教的。开大会跟别的班拉歌，也是她打拍子指挥。当时唱的歌曲都是激励人奋发向上的。毕业52年之后，2014年我回老家，一个偶然的机会我才知道董兴荣家住黑城子乡六十天地村。在黑城子初中上学时，她家在板达营子村，后来嫁到六十天地，如今已儿孙满堂了。我去看了她。我们俩又一起唱了当年她教我们唱的《毕业歌》：

“阳光照耀着平原和山冈，

歌声飞扬在祖国的大地上。

田野的麦穗向我们招手，

工厂的汽笛为我们歌唱。
我们是劳动人民的儿子，
永远不辜负祖国的希望。
我们像一群白色的鸽子，
我们有一双坚强的翅膀。
假如祖国需要我们去到哪里，
我们就展开翅膀向哪里飞翔。
……”

半个多世纪以后重唱这首歌，我们百感交集，热泪盈眶。

学校正确的教育理念和实践，造就了一批又一批高质量的毕业生。1962年中考，全县除北票高中招收4个班共180名新生外，其余所有的中专、职校等一律下马停招。全县10所初中的1000多名毕业生，只能报考高中一个志愿。在高中录取时，政府又将县城内的考生和农村考生划了不同的录取线：县城考生录取线为220分，农村考生为300分。相差80分。理由是城里考生一旦考不上就失业，而农村考生考不上可以回家种地。在这种情况下，农村“老八所”的其他七所初中，考上的很少，有的学校只考上一、两名。而黑城子初中居然考上39名，占录取总数的21.7%。这一年，我考了全县第一名。很遗憾的是，我们班前三名的另外两名同学，宋世富和董兴荣，虽然考上了，因为家里困难，最终没能到高中报到。隔年（1964年），于天宝又考了全县第一名。

55年过去了。当年的青涩少年，现在都已年近古稀。我依然怀念我的母校，想念班里的每一个同学。我们班是个团结向上的班集体，大家亲如兄弟姐妹。团支书张振山像个大哥，对我们年龄小的很照顾。班长张明生同学家离学校很近，班里缺什么他就回家去拿。邱悦平是全校少先队大队长。我在班里是个“外来户”，但大家都不欺生。我比较淘气，老师一要批评我，就有同学事先给我通气，让我有个准备。为表达我对同班同学的思念，我把现在还记得的同学名字写下：

张振山 张明生 郝连军 郭益三 薛义清 于清河 李树贵 宋世富
宋景先 宋景玉 吴廷山 邱悦平 徐国斌 梁学舜 李洪智 董兴荣

张桂琴 宋桂琴 门桂琴 李超英 刘志云 朱跃英 郝玉枝 赵国清

赵德荣 李怀德 潘洪太 于桂琴 张相志 霍　明 荆文玉 肖相春

任玉坤 甄清龙 王玉山 王久三 曹相芝 刘宝荣 解玉英 赵亚英

由于年迈记忆力衰退，其余同学的名字实在想不起来了，有的形象还记得，就是想不起名字。请这些同学谅解。

这篇文字是应北票市第三高中董为民老师之约写成的。他是研究校史的。我们至今还未见过面。他从姑姑董兴荣那里知道了我的电话，就联系我，希望我写一写当年黑城子初中的情况。所以我的这篇文字是给他提供资料和调研线索用的。在定稿之前，我征求了我能联系到的几位老同学的意见。董兴荣、邱悦平、于天宝三位同学对本文提供了宝贵的订正和补充意见。董为民老师通过调研走访也为本文补充了新的材料。在此，对他们几位的热心帮助表达我由衷的谢意。2017 年 11 月 17 日于北京清华园 。

（2021 年 6 月 24 日整理）

43. 一般高中学生的高考

6 月 23 日晚高考成绩出炉，2021 届我校物理学科组上线 73 人，历史学科组上线 4 人、艺术上线 16 人、体育上线 40 人，合计上线 133 人。最高分物理学科组单腾颉同学 512 分。

我校实际参加高考 251 人，物理学科组 132 人、历史学科组 119 人，其中选择化学学科 81 人、生物学科 136 人、政治学科 108 人、地理学科 177 人。

从学校实际和历年成绩来看，这是一份非常靓丽的成绩，创历史新高。今年北票高中被北大录取 1 人，北票尹湛纳希高中被清华录取 1 人，全市过 600 分 89 人，比 2020 年高考好。我校与示范高中没有可比性。

2021 届实招学生 750 人，暑假期间退学 8 人，未报到 6 人，开学时在籍在读 736 人，毕业生 694 人，参加高考 251 人，春季单独招生 443 人。

2021 年高考首选物理特殊批 503 分、本科线 336 分，首选历史特殊批 534 分、本科线 456 分。2020 年高考理科特殊批 500 分、本科线 359 分，文科特殊批 567 分、本科线 472 分。从录取分数线来看，2021 年比 2020 年录取分数线下降 20 分左右，感觉本科院校更好考了。今年是辽宁省选科后第一次高考，选物理的同学比选历史的同学幸福感要强一些，因为可能仅仅物理或历史一科的区别录取分数线就下降 20 分，有人开玩笑说物理考 0 分，还要比选历史多 20 分。出现这种现象的原因，我分析有两点，一是物理学科比历史学科难，学生学不会，厌学物理，而历史的难度在学习阶段暂时看不到；物理组合的可选专业多、院校多，历史组合可选学校、专业少。选考物理组合的人数少但招生的学校、专业多，分数线自然就降低；选考历史组合的人数多而招生的学校、专业少，分数线自然就提高。新高考之前，文科的录取分数线就比理科的录取分数线高，这是历史问题，在新高考中不确定因素增加，把两者的分差拉得更大了。这并不是考生和家长的问题，而是新高考改革模式本身的问题，相信在不断的改进过程会变得符合实际，让人民群众满意。

一是估计接下来，新高考将会对我校产生一些影响。其一，选物理的学生会增加；其二，参加夏季高考的学生将会增加，参加单独招生的学生将会减少；其三，学生的学习兴趣将会大增。2021 年会出现这些问题，并不意味着 2022 年就不会出现，2022 年很可能会出现学生扎堆选物理组合，结局出现反转，这一幕还会上演。

二是新高考志愿填报方式发生变化，由以前的学校加专业，服从调剂，平行志愿，变更为专业加学校，没有服从，平行志愿方式。个人认为，将会产生以下影响：其一，有利于高分段同学选择自己喜欢的专业；其二，好学校的好专业录取分数会更高，好学校的不好专业录取分数会下降很多；其三，不好学校的好专业录取分数会提高；其四，家长填报志愿的难度加大，112 个志愿，每一个都要认真填报，需要更多的专业知识，生涯规划指导师的作用将会放大。

三是普通高中的高考迎考工作。要做好选科指导，要鼓励学生树立远大理想信念，要提高家长对高收费本科学校的正确认识，提高录取率，加大志愿填报指导，加大对体育特长生的培养。

四是如何使新高考更科学，我认为首先是信息要及时公开。比如每年学生在选科走班后，公布选物理的人数、选历史的人数及其他各科人数，在大数据的基础上让家长和学生自己判断，避免扎堆。比如高考笔试结束后，公布选物理的人数、考生的排名，选历史的人数、考生的排名及各科的人数、考生的排名，为考生填报志愿提供科学的依据。现在只有物理、历史排名，家长和考生不知道其他学科的排名和人数。其次，学生和家长要充分认识新高考的意图，及早确定学生的兴趣、职业爱好，做好人生规划和职业生涯规划。不受政策、同学、学校、社会因素的影响，做到我选的学科就是我爱的学科。

要想办好一所学校，有许多要素，生源摆在第一位，管理摆在第二位，师资摆在第三位。我们要立足现实，秉持理念，做好自己，立德树人，尽最大努力改变学校现状，不断提高生源质量，争取实现学校发展的良性循环。

（2021 年 6 月 30 日整理）

44. 参观阜新育才彰武校区有感

7 月 7 日，我们参观了阜新育才教育集团彰武校区，学校的发展使我有三个震惊。

一是建设之速度令人震惊。后勤负责人于主任向我们介绍，学校从 2017 年 12 月开始拿地规划设计，第二年 4 月份施工建设，9 月份学校投入使用。学校占地面积 150 亩，建筑面积 7 万平方米，总投资 1.5 亿元，每平米造价约 2000 元。

我们不知道那时的校园是一种怎么样的场面，也无法用语言描绘，从亲历者的讲述中我能体会到他们的自豪、自信。后勤于主任说，当时建筑小工每个人的工时费比别的工地多三分之一。

二是造价之低、质量之好、设备设施之先进令人震惊。于主任说，我们现在看到的样子，就是刚开学时的样子，也就是说建设与装备同时进行，总投资额含有装备费。他们建有体育馆、游泳馆、录课教室、师生大礼堂、两个食堂、两个塑胶操场、老师公寓、学生公寓等，建设标准高、质量好。

三是办学理念之先进令人震惊。学校把早期教育、学前教育、小学、中学、高中五个阶段“一网打尽”，这是我想都不敢想的事，“五段一体办学”，办学资源共享，管理手段共促，品牌质量共创，儿童少年共育，其办学优越性对于懂教育的人不言而喻。

参观以后，我深思阜新育才集团成功的条件。首先是创始人敢想真干，有教育情怀，有教育理想，能够坚定理想信念，“胜不骄，败不馁”，又恰逢盛世，有党和政府的关怀与支持。其次是朴实、踏实的经营之道。我只去彰武校区，没去过其他三个校区，观点有可能片面，放眼整个校区，每个建筑、每个装饰、每处文化都恰到好处，有用实用，不尚奢华。没有高大宏伟几层楼高的校门，但有三处实用的校门和负责的保安员；没有豪华修饰的校园文化，但每个教学楼中厅都有办学理念和要求，在思想上引领师生员工；没有造型奇特的建筑，但每个学段都有独立教学楼；没有华而不实的办公用房，但有高端的录播室和礼堂。我丝毫不会怀疑集团没有经济实力去建设高大上的校园，现在的做法只能是让我更加钦佩创始人务实的人格魅力和长远的思考。最后是“不养闲人、不养懒人”的用人理念。整个校区只有 17 名中层以上管理者，每个人都身兼多职，全校只有校长和政教主任不兼课，其他人有多项兼职，而我们一所普通高中管理者达 23 人，个别学校领导甚至更多。校长和主任每天 5 点起床工作的敬业精神令人敬佩。我个人认为一个学校的退步、落后首先就是从人事开始，太多的冗员慵员。

育才集团从 1996 年开始发展到今天，在教育教学管理方面还会有更多的独到之处，由于时间短暂，对学校的各方面了解、学习得还很不到位，以后有机会再到育才，再见育才，再说育才。

（2021 年 7 月 12 日整理）

45. 校园环境卫生之我见

校园环境卫生是学校管理的一项重点工作，是衡量一所学校管理水平的重要标准之一，打造优美、清洁的校园环境是环境育人的需要。

抓卫生是抓好学校管理和班级管理的最小切入口。

无论班主任还是德育管理者，均可以先从抓环境卫生开始，因为它见效快、效果好。从本质上说，抓环境卫生其实是抓学生习惯养成，需要一个逐步提高的过程，还容易反复，需要长期坚持。这是一项容易抓又不容易抓好的工作，很能考验一个班级或一个学校管理者的恒心和毅力，要反复抓，抓反复。班主任或学校管理者每天早上到学校的第一件事就应在学生值日时到担当区或校园走一圈，一是检查卫生状况，对不符合清扫标准的地方直接处理好，学生下次就会注意；二是让学生看到你，让大家知道你每天都在抓这个事情，学生就会认真干好；三是先看室外后看室内，负责室外的一般是值日组，室内会涉及到每个人。

高中学生能够胜任学校卫生清扫工作，我不主张把学生力所能及的卫生清扫工作社会化（卫生间清扫可以社会化）。学生人数多是搞好校园卫生的基础和优势，又是劣势，这是一把双刃剑，搞卫生的人数多，破坏卫生的人也多，需要精细化的管理。

班主任或管理者心里要始终装着卫生这项工作，不马虎，不对付，勤检查。结合具体工作，我撰写了一个卫生清扫的文件，摘录在这里，与大家共同学习。有些地方要求有点严格，即使这样还是不断出现问题。6 月 30 日北票市中考最后一天，早上护校班级卫生不彻底，值日以后值日生没收拾扫除工具，导致当天值班领导进行二次清扫。今天我值班发现 2 年 7 班担当区未清扫，学校对树木进行了修剪，学生看劳动量大，心存侥幸，认为学校会安排工人清理，我巡查时发现了，让他们重新清扫一遍。

另外，我认为抓校园卫生的目的是让学生养成良好的卫生习惯和责任意识，校园是每个学生的校园，校园环境需要每名学生的共同呵护。先抓校园卫生，再到抓个人卫生，再到仪表文明、校园文明，再到精神文明，实现打造文明校园、做最美青少年的目标。向李镇西博士所说的目标努力，达到“校内无片废纸，学生嘴里无脏话”的程度。

附：《卫生常规量化管理条例》

为保持校园清洁，培养学生良好的卫生习惯，树立环保意识，达到环境育人的目的，学校本着班务“人人有事做，事事有人做”的原则，加强卫生管理，提高学生卫生清扫时的质量意识和安全意识，特制定本条例。

一、个人卫生、仪表要求

每两周洗澡一次。每月理发一次。男同学不留长发。女同学不留披肩发，不准散发，不准留长指甲，不准化妆。全天穿校服，校服整洁，拉好拉链，校服号清晰，不穿奇装异服，违者记2分。

二、教室卫生要求

1. 走廊及室内地面要保持清洁，有杂物、废纸、物品摆放不整齐记1分。室内有垃圾或垃圾桶未清倒的每处记1分。

2. 桌面要摆放规范整洁，杂乱无章、有灰尘记1分。

3. 桌椅要摆放整齐，黑板四框、讲桌、开关无灰尘，否则记1分。

4. 窗台要无尘土、无书本、纸屑和杂物、无暖瓶，如不清洁记1分。

5. 墙壁、门、窗要干净，无蜘蛛网，无鞋印，球印，乱刻乱划印，有灰尘污点记1分，有其他印迹记1分，地角线有污点、暖气片后有杂物、玻璃上有污点记1分。

6. 讲桌、课桌、黑板及其他教室内设施要保持完好，如乱刻乱画，除对损坏的公物给予赔偿外，另记1分。

7. 随地吐痰、乱扔瓜果、皮核、纸屑等杂物，每人次记5分。

8. 间操期间每班留1名学生室内值日，2名同学室外值日，多留按无故不上操处理。

9. 学生放假时班主任要组织好学生清扫干净、经年部验收合格后再离校，否则记5分。

三、楼内卫生要求

10. 随时保持本班负责范围内门厅玻璃、走廊地面、地角线、墙裙一直到白漆处清洁，刮大白处无印迹，棚顶处无蜘蛛网。如不符合要求给所属班级记1分。

11. 各班的库房门擦干净、库房内清理干净，不准有垃圾。如不符合要求给所属班级记1分。

12. 楼内水房、库房按年部分配负责。水房内的墙壁、水池、水槽、四角擦干净。水房墙壁无污渍，玻璃无污点，水房与走廊交界处无污水、脏物等。如不净给值日班级记1分。

13. 随时保持暖气片后无杂物，楼梯台阶的平面、立面洁净，楼梯缓步台阶的窗台上无灰尘。楼梯扶手无灰尘，楼门的玻璃、门框、暖气罩的缝隙处、正厅门外的柱子、门厅的下水道保持干净。如不净记1分。

14. 走廊值日生课间拖走廊，在唱课前一首歌前结束，不准影响上课，否则给值日班级记1分。

四、室外卫生要求

随时保持校园内各个角落、楼前楼后卫生清洁，树下、台阶处无灰尘积聚。室外垃圾箱的面、墙壁上宣传板无灰尘，下水沟内无杂物。

15. 值日生要按规定时间清扫，不得拖延，影响正常上课记1分（课前二分钟预备铃响后）。

16. 分担区未清扫记5分；清扫不彻底，留有死角每处记1分。

要求：(1) 无卫生死角，无杂草、树枝、石子、废纸。(2) 分担区树坑无杂物。(3) 室外橱窗、垃圾桶每周擦一次。(4) 分担区内厕所、超市、食堂周围要干净、清洁、无废纸等。(5) 分担区内车棚里的车辆要摆放整齐。(6) 分担区内休息椅每天要擦一遍。(7) 分担区内盆花夏季每周要浇水一次。(8) 分担区内垃圾桶每次值日都要清倒并放回原处，不准损坏。(9) 值日生要保管好劳动工具，每丢失一件除照价赔偿外另记1分。

五、大扫除卫生要求（同上、安排好大扫除清扫分工）

六、除雪卫生要求

17. 提前安排好除雪任务，准备好除雪用具，各年级以雪为令，雪后即扫除，尤其是门口和通道处的积雪。

18. 积雪不要随意堆放，可以堆在大树的树坑里或草坪上，不准压到树墙上面，不准堆在路中，不准破坏路树。

19. 分担区内积雪要彻底清扫，积雪堆放要整齐，除雪时不要打闹，要注意安全，尤其是雪天路滑。

七、排涝卫生要求

20. 雨后担当区有积水要视情况排干或扫进下水道，疏通堵塞下水道，不影响通行、跑操。

八、考试期间要求

21. 考试期间各班级必须安排值日生正常清扫班级、走廊卫生。如发现没有学生值日则按班级管理细则规定给班级记分。

九、卫生清扫时间

22. 日常值日清扫时间：每日四次，上午第一课前、间操、下午上课前、晚自习前。

23. 大扫除时间：每周五（放假前或大型考试前）第七节或第八节年部安排大扫除，迎接上级检查等临时清扫任务。

十、卫生检查验收

24. 政教处、年级部随时对卫生状况进行检查，发现问题先按规定记分，然后再找班级进行清扫，如再清扫不干净，加倍记分。各班值日生值日不得影响正常上课。

25. 卫生管理纳入班级量化考核、纳入班主任考核奖。

26. 各班要安排好日常值日和大扫除值日两个班务承包表。

十一、劳动安全要求

27. 班主任要负责对学生进行劳动安全教育，提醒学生时刻注意安全，不得安排从事力所不能及的劳动，如二楼以上的玻璃不准安排学生扫除。

28. 班主任要随时检查学生扫除质量，督促整改，每天至少到担当区检查一次。大扫除时，班主任要在现场指挥。

29. 学生要遵守纪律，不得打闹、违规操作器械、洗涤用品，不得做与劳动无关的活动。扫除任务完成要立即回班级。（北票市第三高中2020年9月22日）

（2021年7月5日整理）

46. 中考及新生注册

参加工作以来，年年都参与中考，曾经是监考老师、楼层监察员、验卷员，现在是负责安保和防疫责任副主考，分工不同，责任同等。我感受到几年来中考的变化，前几年都考得“昏天黑地”，考试时间只有两天，考试科目9科，小科是两科一场同考，当时监考老师来得早、走得晚，每场考试时间长，考生与考务老师压力很大。主考总要强调千万不要把考试卷子装串了，教育局也花费很大精力，把试卷设置成不同的长度、试卷袋印刷成不同颜色的，我们这个考点还是出现过一回装错的情况，验收领导在整理试卷袋时发现相同科目试卷厚度不同，打开一看，发现试卷装错了。再就是装订问题，当时要求试卷内封皮“四眼”装订，试卷外封皮“三眼”装订，经验丰富的王淑芹老师每次都在考务会上亲自演示，可是每每到第一科结束后需要装订时还会有老师不会装订或错误装订。有时试卷很厚（没有答题卡，答案写在试卷上），女老师没有劲订不透试卷，往往不能独立完成装订。总体来说，中考出现的问题都能被经验丰富的业务主考化解，有惊无险、逢凶化吉。

2021年6月28、29、30日三天，我市组织了中考组考工作，我校作为中考考点安排了18个考场，其中含3+2考场5个，这是一次非常好的安排，每年我校还要单独承担3+2考试的考务工作，在校学生还要放三天假，耽误学生宝贵的学习时间。其中的一段小插曲就是一名考生在第一科考试时超过入考场的规定时间20分钟，未能进行入考场。据这名同学介绍情况，他有一段时间没上学，班主任通知他到考点取准考证，他到考点之后没有及时找到班主任，等找到班主任后发现没带身份证，又回家找身份证返回考点，超过了考试入场时间。类似情况按现在的中考组考的服务工作完全可以避免，一是求助安保民警、交警，提高取证件的效率；二是向考点相关负责人告知情况，先验准考证进考场，由家长送证件到考点；三是班主任应该尽早把准考证发给学生或者像此类未上学的学生，提前告知准备好证件。

现在的中考已经安排得非常科学，一天两场，小科两张文理综合卷，刷答题卡，试卷和答题卡直接装袋不用装订，与高考组考标准一致，先扫描答题卡，后电脑阅卷，使考务工作方便、快捷、高效。朝阳市中考与高考改革相适应经历一个过程，现在已经高度吻合。2021 年又是新高考变革的一年，高中开始进行选科走班，估计中考在考试内容方面还需要做出相应调整。

另外，根据中共中央办公厅、国务院办公厅《关于全面加强和改进新时代学校体育工作的意见》《关于全面加强和改进新时代学校美育工作的意见》《关于全面加强新时代大中小学劳动教育的意见》要求加强音体美劳学科教育，个别省份在中考增加了音美考试科目、劳动考察科目，预计辽宁省也会尽快做出反应，就相关内容进行调整。个人认为，初中阶段是九年义务教育，是全民教育，在中考中有必要增加素质科目从提高国民的综合素质，提高对美的欣赏能力，提高对劳动创造价值的认知。高考是选拔性考试，学校有音体美特长班和招生，高考科目不会变化，不会影响全体高中学生的高考，不用过于紧张，要放在人的发展的全局来看待这个问题。(补 2021 年 7 月 21 日印发了《辽宁省高中阶段学校考试招生制度改革实施方案》(试行))

国家提出了一个壮大发展职业教育的措施，就是控制普职比，要求达到 5∶5。现在网上炒作中学生上不了高中，只能去职教，考上高中比考上大学都难。

首先谈谈普职比。在北京、深圳、上海等发达地区，5∶5 的普职比指标是不可能完成的，因为一线城市的高中阶段教育太发达，能够满足学生就读的需要，职业教育又太薄弱，高职院校、高等教育阶段的资源太丰富，学生高考升学压力小，没有必要去发展职业教育，完成普职比。类似北票这样的五线小县城，有三所高中、一所职业院校，普遍的问题是普通高中多并且有省级示范性高中，在朝阳地区一定是高中多于职教，这还是经历了普通高中城市化后的过程，原来北票有 7 所高中。如果仅仅为了完成普职比，积淀多年的高中资源势必要浪费、闲置，职教还不能容纳、培养这么多的学生，还要向职教大量投入。现在由于人口红利减少，高职院校都已经开打“招生大战”，在降低门槛招收生源，单独招生就是省内的招生政策之一，个人认为现在不应该大力投入中职，如果社会确有需要应该考虑高职办中职，或高职降级，或中职升级，或高职与中职合并。综合起来判断，普职比还会有，但地区不同政策会不同，不能搞一刀切，结合实际北票这类县城大体相当就不错了，也就是6：4。

其次谈谈职教。发展职教非常正确，但多年的教训是大多数县级职业教育办得不好，伤了群众的心，影响了在老百姓心中的形象，家长和学生不认可，中职没有完成高中阶段的文化课学习和知识储备、也没有完成由中职到高职进阶的职业准备和职业能力，处在两头不靠的尴尬境地。以县级的经济实力和师资力量办高水平的职业教育很吃力，如果通过与普通高中合并，以普高养职教，以高考来吸引学生读职教，那还如发展高中。前几年职教曾有特别的政策，在职教读普通高中班，考指定的本科院校，曾一度很“热闹”，个别懂政策的家长因此而受益，但这种超常规的办法，打乱本科院校的办学，因为职教考入本科院校的学生与高考升入本科院校的学生知识水平不在一个层次，本科院校没有相应的配套教学，最后停止招生。

最后谈谈考上高中比考上大学都难的问题。某种程度上说，这种说法不正确，这里的高中指示范性高中，不是一般高中，考上一般高中和民办高中还是没有那么难。受发展职教的因素影响，考上一般高中的难度确实在加大，但我认为还是家长希望孩子读高中的愿望太迫切。某种程度上说，这种说法正确，因为现在考大学很容易，客观的现实摆在那里，今年的专科录取分数线是150分，高考录取率现在几乎达到100%。

按教育局通知，三所高中于7月17日、18日进行2021级新生录取注册，今年的录取工作较往年提前，这种安排非常好，因为高中还没有放假，安排人员承担录取注册工作比较容易。今年计划招生760人，其中体育生50人。体育特长生最先录取，今年特长生录满。这比2020年好，去年计划录取40生，满足录取条件的学生只26人，因为要求体育生录取分数线比文化生录取分数线低50分，很多同学达不到，今年体育生录取分数线是文化生录取分数线一半，这比2020年容易。第一次录取分数线338.5分，截至18日16时22未报到的，学校上交报告及名单到教育局。20日进行补录，经过教育局电话问询学生是否有意愿到三高就读，划定第二次录取分数线318.8分，顺利完成补录。

录取工作仍然由年级部负责，首先提前印制好入学须知，根据教育局安排到教育局分发录取通知书。注册时分两组，每组四个人。每组一人负责填写收据，一人负责电脑录入信息，两人负责收录取通知书、身份证复印件、加班级群。总体进展顺利，今年有一些改进的地方。一是注册前分好班级、安排好班主任，注册时扫描群二维码进班级群，班主任可以在假期管理学生，进行入学教育。二是学生资助提前介入，提前审核建档立卡户，做到零收费。三是分层次注册。第一天是住宿生注册，第二天是外宿生注册。四是缴费分两批，一批是学校收到后上缴财政，一批是通过“政付通”把学费、住宿费直接上缴财政。五是学生食堂就餐饭卡要升级，学生要自行办理邮政卡就餐。六是需要改进的地方。把收相片这项工作放到开学以后比较好，开学时办理毕业生登记表用。

中考在不断改革，录取注册工作不断在改进。

（2021年7月20日整理）

第八章

小记德育工作经验

47. 没有一个寒冬不能逾越 ——疫情后开学线上升旗仪式讲话

亲爱的同学们：大家好！我是副校长李博，很荣幸通过广播的形式向大家表达由衷的问候！

“芳菲歇去何须恨，夏木阴阴正可人。”在全国人民的共同努力之下，肆虐一时的新型冠状病毒终于得以控制，我们的抗疫战役终于取得了阶段性的胜利。没有一个寒冬不能逾越，没有什么能阻止我们前行的脚步，经历了加长版的假期之后，三高中校园迎来了它的主人。

面对疫情，我们只能用这样的方式升旗，以一颗崇敬之心向鲜艳的五星红旗致敬，向逆行的战士致敬，向爱心人士致敬，向英勇的人民致敬，向伟大的祖国致敬。

疫情发生后，我欣喜地看到同学们响应国家号召，不外出，不聚集，加强卫生，主动预防，为抗击疫情做出了自己的努力。虽然我们每个人的力量是微不足道的，但是积沙成塔，你们每一位都用自己的实际行动为这场没有硝烟的战争的胜利作出了贡献。

同学们，疫情防控是一场持久战，我们要服从管理，按线走，勤洗手，多通风，入校离校戴口罩，把自己保护好，完成我们自己的学习任务！我们要坚信，疫情绝不是不可战胜的，在你们出生时不就战胜过非典吗？昨天还是阴雨连绵，今天已是艳阳高照，我们的学习生活还要继续，为此我还要提几点希望：

高三的同学们，高考延期正好给知识有欠缺的同学一个弯道超车的机会，希望你们在接下来的一个月里拿出自己的全部力量超越自己，实现人生梦想！

高二的同学们，你们即将升入高三，现在正是你们为高三冲刺蓄积能量的关键时期。请牢记：今天的所有付出，是在为你的人生奠基！

高一的同学们，9 月份的学业水平考试近在眼前，你们不仅要把高中毕业证拿到手，还要把目光放得更长远。理想大学作为自己坚定的目标一步一步去靠近！

同学们，因为疫情的关系我们已经失去了很多宝贵的时间，不要为逝去的时间叹息！我们在人生的道路上，最好的办法是向前看，不要回头，没有做不到，就怕想不到。

最后，我代表校党委欢迎你们重返校园，愿你们爱国感恩，惜时勤奋，谱写出人生的美好篇章！

我们共同努力让三高中的明天更美好！谢谢大家！

（2020 年 6 月整理）

48. 把班级管理的每一个细节抓住
——《我和我的学生》德育校本教材文稿

以前当班主任时的两件事，现在记忆犹新，借此机会与大家分享、共勉。

2004 年我在上园高中担任一年七班班主任，这是第一次当班主任。我班发生了这样一件事，班长袁龙在第七、八节体活时间与六班踢球，在断球时与对方同学正面碰撞，不慎造成小腿骨折。当时情况十分紧急，腿肿得很快，袁龙疼得直叫，我马上报告领导，通知家长，并送他到上园镇医院拍X光片，确诊为骨折。袁龙家在义县新立屯，他母亲是新立屯小学老师，上园镇离义县较近，经与家长联系要到义县治疗，并商定在医院见面。学校雇了一辆面包车，我和几名男同学一同护送。当时天黑，土路不好走，一路颠簸，加重了袁龙的痛苦，我们扶着他，内心非常焦急。我还有另一层担心，责任由谁负，忐忑不安。临上车时付万春校长给了2000元钱学校先垫付部分医药费，我们晚上11点到义县医院见到了他的父母，把受伤情况及救治过程简单说明，返回学校已经是凌晨一点。没过几天，袁龙家长到学校商讨如何解决医药费问题，付万春校长将我叫到他办公室问为什么没有给袁龙入意外伤害保险，我说学校要求学生自愿入意外伤害保险不能强制，他是班长，我班收保险费的事就是他负责。付校长问你有什么证据是他自愿不入保险的？我说没入保险的同学都写了一份承诺书。付校长让我把承诺书拿来给家长看看。校长和家长看到了孩子写的承诺书，就让我离开了校长室。后来学校为学生付了2000元医药费（先前已经垫付），袁龙伤好之后回来上学了，家长也非常理解，事情就这样过去了，付校长对我保存学生承诺书这一细节比较满意。现在我与袁龙也常联系，他在成都建设集团工作，并把父母接到了成都生活。

2005年我担任高二三班班主任（2005年8月上园高中与第三高中合并），一次月末休息前的周五早读时候，我发现丛某写了一个纸条，上面写着“大拇指”三个字，我也没在意，下午学生休息了。周日下午学生返校，于宏剑副校长找到我说，中午你们班同学有过生日聚餐现象，在阳光小区里的“大拇指饭店”，你了解一下什么情况。我一听“大拇指”，心头一惊，原来纸条上的大拇指是聚餐地点，怪自己粗心。其实学校都已经调查处理完了，参与聚餐的同学每人扣5分，丛某同学被扣20分，一共三桌，我班同学32人参与。当时，我心里这个后悔呀，我要是问一下该多好，也许这件事就不会发生。一下就扣180分，我们班一年也就扣减这些分，我班的流动红旗呀……

通过这两件事，我有一个深刻的体会：当班主任最重要的一点就是责任心，从内心把班主任工作重视起来，把学生放在心上，把班级管理的每一个细节抓住。

（2020 年 8 月 9 日整理）

49. 学雷锋见行动争做时代新人
——学雷锋活动月启动仪式讲话

今年是中国共产党建党 100 周年，明天是第 58 个全国学雷锋纪念日。有人说学雷锋过时了，有人不知道雷锋是谁。我想告诉大家学雷锋永不过时，永远是时代的潮流，雷锋永远是中国大地上最闪亮的名字之一。

为什么？因为雷锋身上体现的爱国精神，哪个国家不需要，哪个人能不爱国，没有国哪有家、没有家哪有我。雷锋身上体现的吃苦耐劳、热爱劳动的精神，我们时时刻刻都需要劳动，没有劳动社会如何进步，没有劳动个人如何发展。雷锋身上体现的爱岗敬业精神、螺丝钉精神，哪个国家不需要这样的人，哪个单位不需要这样的人，哪个部门不需要这样的人，所以我说雷锋精神永放光芒，学雷锋永不过时。

有人说雷锋离我们太远、他的标准太高。事实上，我们谁也不能成为第二个雷锋，但我们可传承雷锋的精神。在校园里遇到老师问好，地上有一片废纸你捡起来，同学生病你给倒杯水，同学受伤把他送到医院，拾到物品要归还失主，等等。高三年级五班陈冠松同学在暑假为一个在路上发病的老人拨打了 120 并送到医院，弄了一身血，直到老人家属到医院才离开。老人出院后，她的子女给学校送来了感谢信、锦旗。这就是我们学校的雷锋。

今年我们的学雷锋活动主题是“学雷锋，见行动，争做时代新人”，希望大家积极行动起来，我认为应注意以下三点：

一是学雷锋不要流于形式，要注重实效，从身边小事做起、从现在做起。

二是学雷锋不能是少数人的事，各年级要做好动员，人人都要参与。

三是在本次活动中要及时总结，大力表扬好人好事。

我希望通过活动的开展，在我们三高中校园形成全员学雷锋、全年学雷锋、全面学雷锋的良好氛围。我希望同学们给身边需要帮助的人及时送去温暖和关爱，让他人因你的存在而感到幸福。同学们，让我们每天循着雷锋的足迹，瞻仰着雷锋的雕像，听着《学习雷锋好榜样》的歌曲，打造辽西地区学雷锋高地，让雷锋精神代代相传。

最后，预祝本次活动圆满成功！

（2021 年 3 月 4 日整理）

50. 发扬“三牛”精神，共同“犇”向前方
——春季开学升旗仪式讲话稿

“春回大地，万象更新。”随着惊蛰节气的到来，春意渐浓，但是天气还是乍暖还寒，请大家注意随气温的变化调整衣物。现在有些同学已经穿得很少了，要注意保暖，拉好拉链，“不能只要风度，不要温度”。

新年新春添新岁，新颜新貌新学期。今天全校师生在此集会举行 2021 年春季开学第一个升旗仪式暨开学礼，首先，我代表学校党委欢迎大家重返三高中校园，同时对在过去一年里耕耘在三尺讲台的各位同事表示感谢，对在上学期取得优异成绩、收获成长，更加懂事，更加明理的三高学子表示祝贺。借此机会，我想提三个关键词与大家共勉——“规则”“规划”“感恩”。

第一个关键词是“规则”。正所谓国有国法、家有家规、校有校纪、班有班约。今年教育部颁布《中小学生惩戒规则》，我们要认真学习落实。教育部办公厅下发了关于《加强中小学生加强手机管理通知》，我们要做到全面禁止手机进课堂、有限进校园。学校印制了《三高中德育工作指

南》，班主任要认真组织学习。我们大家只有遵守规则、敬畏规则，我们才能获得自由，同样也没有绝对的约束，只要你遵章守纪，惩戒规则就与你无关，你要违规违纪，“受伤的总是你”。

第二个关键词是“规划”。“凡事预则立，不预则废。”现在有一个名词叫职业生涯规划。同学们，我们的人生需要规划，你想考什么样的大学，你想学什么专业，你想从事什么样的工作，你想要什么样的人生，你要有规划，你都要有设计。你们要制定长期的规划，你们要制定短期的目标，你们要有成功的想法，你们要有实现目标的方法。比如说你要每节课认认真真听 10 分钟、20 分钟、30 分钟，坚持 21 天，逐渐累加，直到一节课。同学们，你们要从小事做起、从现在做起。

第三个关键词是“感恩”。老师们、同学们，我们能在学校安心工作学习，我们首先要感恩的是保安、保洁、宿舍老师、食堂师傅。我们的保安每天 6 点到岗、9 点 30 分离岗，全年无休，难道我们学生有事到门卫的时候，不能叫一声大爷、叔叔、师傅吗？难道我们开车入校的时候不能稍做停留、测一下温再走吗？我们保洁员干得是学校最脏最累的活，难道我们不应该少扔点垃圾或者把垃圾扔进垃圾桶吗？我们的宿舍老师是全校睡觉最晚的老师，每天查宿、查舍，难道我们不能早睡会觉，让他们早休息一会吗？我们的食堂师傅早上 4 点 30 分就要起床蒸馒头做饭、打饭、刷碗，一日三餐呀，周而复始，难道我们不应该不往餐桌上扔点垃圾吗？难道我们不应该适量点餐、少往垃圾桶里倒点吗？生不容易、活不容易，生活更不容易。让我们多一些理解、多一些尊重、多一些感恩吧。

同学们，我们憧憬前方的美景，但不能忘记来时的路。上学期，我们提出的要求还要坚持落实，比如卫生清扫要彻底、头面清洁发要理，男女接触要保持距离，全天校服拉好拉链要紧记，千万不要打架、吸烟、带打火机和管制刀具。

最后希望全体师生发扬为人民服务孺子牛、创新发展拓荒牛、艰苦奋斗老黄牛精神，共同犇向前方。

（2021 年 3 月 8 日整理）

51. 百年风雨　百年航程
——百年活动总结讲话

刚才李团长给我们做了一场热情洋溢的演讲，向我们讲述了中国共产党团结带领全中国人民，战胜各种艰难险阻，用坚韧不拔的意志书写了一部波澜壮阔的历史。我们都深受鼓舞，身心得到了净化。

我们此次活动得到了北票市关工委各位领导的大力支持与帮助，让我们再一次以热烈的掌声向各位领导的莅临指导表示感谢！

今年是中国共产党建党100周年，为了贯彻落实习近平总书记要把红色基因一代代传承下去的重要指示精神，进一步推动革命传统教育不断深入，教育引导广大青少年发自内心地爱党、爱国、爱社会主义，我们特举办此次"讲好百年故事，传承红色基因，培育时代新人"主题教育系列活动。

我校关工委工作一直得到上级关工委的大力支持与帮助，结合新形势、新任务和我校教育工作的实际，坚持以人为本，以加强和改进未成年人思想道德建设为重点，努力做好关心下一代工作。我们今年关工委工作有以下几项计划：

1. 开展学雷锋助学活动，发动学生通过学习雷锋的先进事例，参与实践活动，每班评选出优秀学生典范，进行表彰，号召全体师生向他们学习。

2. 开展植绿护绿活动，培养学生养成爱护环境，保护花草树木的意识。

3. 开展清明扫墓活动，对学生进行革命传统教育，培养学生的爱国主义热情和增强革命传统意识。

4. 开展板报评比、手抄报评比、演讲征文大赛等活动，增强学生的爱党、爱国、爱社会主义的思想，培育青少年团结、合作、坚强、献身和友爱的高尚情操。

5. 青年教师继续参与学校组织开展的指导和帮助青年教师工作。请班主任工作经验丰富的老师对青年教师开展"传帮带"活动，向青年班主任传授班主任工作经验，为青年教师作辅导讲座，参与平时的听课评课活动，参与教学研讨活动等。帮助青年教师尽快提高政治素质和业务能力，为培养和造就脱颖而出的青年教师出谋划策、尽心尽力。

6. 继续开展普法、国防等教育。要配合学校对学生进行法制纪律和行为规范教育，以建设平安校园、和谐校园为抓手，努力提高未成年人的法治观念。对生活在和平年代的学生进行国防教育是十分重要的。国防教育是国家安全、民族生存的灵魂，是国家繁荣富强的基础工程。我们要结合实际，对学生进行形势教育、国防教育与军事训练，开展形式多样的主题教育活动，促进学生德智体美劳全面发展。

最后，我想对同学们说几句话。现在很多同学整日打游戏、玩手机，在网络中“废寝忘食”，却少有埋头苦学文化知识。去旅游也只是吃喝玩乐发朋友圈，却少有人想着去瞻仰革命圣地。去学习革命历史。课堂上，消极被动地学习又学到了多少知识，只有自己知道。作为新一代的接班人，我们要了解党的历史，要学党史、知党恩、跟党走。我们要树立坚定的理想信念，并为此付出努力，当好红色基因的传承者和实践者。

（2021 年 3 月 19 日整理）

52. 师生共同守护校园安全
——学生安全信息员会议上的讲话稿

今天我们利用一节课时间在这里召开全校学生安全信息员会议，参加本次会议的同学都是各班安全信息员和管理主任。学校非常重视大家的工作，刚才焦主任对大家的工作内容和职责进行了重点强调，我想就三个方面与大家谈谈。

第一，要尽责履责。手口眼要“过电”要“有活”，心中要有法规校纪、不冒险，自身要不出险，口要经常提示危险、上报险情，眼要及时发现危险，手要立刻排除危。

第二，要榜样引领。各位要以身作则，做同学们的榜样，喊破嗓子不如做出样子。要做遵规守纪的模范。

第三，要高站位。校园安全是我校德育工作目标“三抓三保”底线。大家要站在对生命、健康尊重的角度来看待这项工作，要严格要求，不能麻痹大意。

第四，近期学校要求。不准往校内带外卖和奶茶，不允许往校内带生日蛋糕。发现在晚三下课后，有同学在垃圾点处往里送外卖。开展管理质量提升月，做好维稳、安全工作，迎接百年大庆。

（2021 年 6 月 21 日整理）

53. 全面推进学生自主管理
——在自主管理会议上的讲话

各位同事：大家好！

今天我们在这里召开会议目的是推进学校自主管理。这不是什么新鲜事物，也不是什么创新，在2009 年起我们学校就抓学生自主管理，取得很好的效果，为学校发展打下了良好的基础。十几年来，我们一直在坚持相信学生、依靠学生、任用学生、发展学生。上学期，我们要求的班务承包就是学生自主管理的初级阶段，这项工作推进落实得非常好，成效明显。

第一点，加强管理小组工作。然而上学期期末我们安排布置的小组建设工作，把学生学习、纪律、卫生、活动等一体化管理形成行政小组。通过前期的调研，我们这项工作落实得参差不齐，有的班主任非常用心，想了很多办法，比如有的按成绩等综合要素精心分组，有的把小组评价制成表格或者宣传板展示在后墙上，有的把小组成绩定期即时公布。但是有极个别老师做得不多，分析个中原因，一是这项工作需要总体规划设计，从分组、评价、统计，要求更为具体细化，老师怕麻烦，从思想上没有认识到位。二是需要长期坚持，这是最主要的因素，不能长期跟踪、坚持。三是小组长的选拔任用还没有完全放开，没有民主集中的过程。四是我们想要从中得到的太多。我们几位管理同志想到的办法就是简化小组功能，行政小组建设以自主管理为主、重在加强日常行为习惯养成。行政小组长由班级自主管理委员会成员兼任，减少沟通层级和方面，这样每个班级自主管理委员会的成员都有一个小组、小团队，可以支撑班级自主管理委员会的工作，形成不是一个人在干，而是一个团队在干。这是第一点，继续加强小组建设。

第二点，优化班级管理委员会，构建班级自主管理委员会，制定班级公约等制度，完成定岗、定人、定责“三定”任务。以往，我们更多的是任用班长，由班长一人“包打天下”，造成班长任务过重，只忙于具体事务，没有时间替老师想事，比如填表格、管纪律、管安全、管宣传、管监督等等。我们要按照迟主任说的“十大员”模式，优化班级自主管理委员会设置，制定工作职责。学校焦主任这块有具体指导通知。

各班要依照学校德育工作指南，制定班级公约，要由班级学生自主拟定，班主任确认。公约要简单易行，达成共识，重大违纪不用讨论，年级按制度处理。

第三点，抓住微主题班会不放，抓好学生思想教育。上学期李校长把班主任看早自习时间定在7点到7点40分，我们要充分利用这段时间做好班级管理。我建议每天做一个微主题班会，形式可以多样，主题也可以多样，可以是自管会组织，也可以是班主任组织，还可以是年级管理主任组织。时间掌握在5分钟到10分钟。贵在及时，贵在坚持，充分利用上学期期末的微主题班会课件库。

第四点，学生唱歌或诵读声音要洪亮。现在宝主任对课前一首歌的安排是非常好的，无论是曲目还是每周的更新都非常及时。我们要组织好、监督好、检查好，让校园内充满歌声。这里大家都有个体会，我们练大合唱这段时间，每个人都时不时地来两句，心情是非常好的。校园要听到“三声”，呐喊声、读书声、歌声。

刚才，迟主任介绍的情况，有很多值得我们学习的东西，要结合实际加以运用。但是好的经验要自己总结，形成自己的管理模式和风格，打造德育名师。

学生自主管理这项工作，我们不求轰轰烈烈，只求稳步推进。现在还处于起步阶段，首要在信心，重要在坚持。另外提醒以下两点：

一是高一、高二练习背诵《少年中国说》。

二是家长接送孩子车辆不准在校门口禁停区停车，学生不准在禁停区上下车。

（2021 年 5 月 11 日整理）

54. 走进学生原生家庭取“真经”
——全校班主任家访工作总结会议讲话稿

今天我们召开家访工作总结会目的是了解家访情况、完善家访制度。

首先说为什么我们要组织家访，学校想让班主任走进学生的家庭，寻找我们在工作中遇到的问题的答案，指导学生管理工作、德育工作。其次，我们培养大家调查研究的精神，深入学生生活、深入学生家庭，获得第一手资料。最后，通过开展家访活动，强化班主任工作的意义。

6 月 12 日，各位忙碌了一天，大家辛苦啦。通过各位发言，我体会到了大家的艰辛，有的家长接待我们热情似火，有的家长接待我们平静如水，可谓是“水火两重天”。总体来说有如下特点：城市里家长比农村家长重视教育，家庭重视教育的学生成绩要比不重视教育的强，学生在家不学习，学生在家里表现不如学校表现好，学生在家玩手机家长管不了，老师说话比家长管用，学生几乎不向家长谈在学校表现，家长不了解学校相关政策要求。

我们下次家访需要斟酌以下几方面，一是时间的选择要恰当；二是对象的选择要准确，选对家访对象意味着家访成功了一半，比如我们老师四名同学分别选成绩好、违纪多、心理有问题、建档立卡户；三是与家长沟通商讨教育方法，制订计划目标，协助家长解决教育上的问题，解释学校的政策方面的疑惑，向家长提供更多的教育方案；四是宣传介绍学校办学理念和办学方向，让家长了解学校，让每一次家访都成为一次宣传学校优势、塑造学校形象的契机。

下次，我们要进行全校老师全员大家访。

（2021 年 6 月 17 日整理）

55. 自主管理再推进再安排
——关于学生自主管理的实践与思考

时至今日，我们自主管理的组织机构已经搭建，或者说我们有了搭建经验。经过去年的自主探索、汇报、总结，今年的外出学习、推进、探讨，迟主任的培训，我校自主管理工作，稳步进行。

大家结合班情做出了有益尝试，理解程度不同信心不同，信心程度不同收获不同，收获不同成长不同，我认为应该求同存异，尊重各位同事的选择，因为能力有大小、道路分左右。

听取大家汇报成功做法与困惑，我深受启发，我也感谢大家付出的智慧与辛劳，很有缘我们坐在一起探讨学生自主管理、德育管理，一起从事学校学生管理工作并取得些许进步。我会认真思考以上问题，也希望同事见贤思齐汲取其他人的智慧。

通过大家汇报我们完成了以下具体工作。第一，通过选举成功组建班级自管理会，通过竞聘、就职演讲、签责任书等形式增强了班干部的责任意识，适应了动态的班级自管会；第二，通过自下而上的形式制定了班级管理公约，建立了各具特色的奖惩机制；第三，各班加强了小组建设，通过周总结、半个月总结等形式加强了班级管理工作。

在工作中部分班级形成自主管理特色，呈现出亮点，值得大家共同学习。第一，充分发动学生，自愿选组，灵活分组，学生给的压力比老师给的压力更大；第二，细化班规、学习班规；第三，发挥了电子部作用，充分利用智慧黑板，展示学生学习和纪律等提示信息；第四，灵活的奖励机制和及时总结工作作风；第五，能够结合学校具体情况，开创性的本土化班级自管会机构及职能。

下一步工作打算。第一，激发学习部学生干部工作热情，营造学习至上的氛围；第二，发挥宣传部作用，加强微班会管理；第三，年级部组建年级自管机构；第四，协商解决科与科之间加分不平衡问题；第五，协商解决班与班之间落实自主管理不平衡问题。

根据期初时班主任论坛暨德育工作会议的安排，我们完成了自主管理学习推进，完成了家访工作，完成了“我们的故事”系列德育校本教研之“我和我的学校”和繁琐的常规学生管理。但是我也有没有完成的工作，比如班主任“一托二”管理，我理解的“一托二”是一名班主任管理两个班级，所有待遇均按两人计算。我们还面临着不断分班的挑战，以及学生干部有岗位有人员没有任务的尴尬，这也是下学期我们努力的方向。

（2021 年 4 月 21 日整理）